etre

# agent immobilier

# etre
# agent immobilier

Loïc Bonneval

Photographies : rose indélébile
(sauf mentions contraires)

# SOMMAIRE



* L'index p. 116 vous permet de retrouver dans le texte les thèmes qui vous intéressent particulièrement.

« C'est un métier d'avenir. La moitié des ventes se fait entre particuliers : vous en connaissez beaucoup des professions où il reste 50 % de parts de marché à conquérir ? »

Une profession recherchée, à la fois comme premier emploi et comme reconversion.

## UNE PROFESSION CRITIQUÉE MAIS ENVIÉE

Il y a un paradoxe dans la profession d'agent immobilier : d'un côté elle est mal-aimée, de l'autre elle est très recherchée, à la fois comme premier emploi et comme reconversion en cours de vie active. Elle regroupe des gens aux origines et aux parcours très différents, attirés par le métier lui-même ou par le fait qu'il soit relativement ouvert à tous. Ce métier nourrit des images, voire des fantasmes, contrastés. Toute une série de clichés courent en effet sur les agents immobiliers. On les critique : les agents immobiliers seraient malhonnêtes, incompétents, uniquement préoccupés de leur commission et indifférents aux attentes de leurs clients ; mais on les envie également : ils gagneraient très bien leur vie sans trop d'efforts et passeraient leurs journées à visiter de belles demeures.

Qu'en est-il réellement ? La réalité du métier est en fait mal connue. En écoutant les agents immobiliers, on s'aperçoit qu'ils dressent un tableau de leur profession assez différent de ces stéréotypes. Selon eux, leur métier réclame beaucoup d'heures de travail, est marqué par l'incertitude, mais est également intéressant, permet une réelle indépendance et offre des opportunités. Pour sortir des idées reçues et présenter une version équilibrée de ce métier, ce livre s'appuie sur un long travail d'enquête et sur les nombreuses rencontres et entretiens que j'ai eus avec des agents immobiliers depuis le milieu des années 2000.

Bureau d'une agence de réseau employant six agents immobiliers.

# Les professionnels de l'immobilier en France

## HISTOIRE ET GÉOGRAPHIE DE L'IMMOBILIER FRANÇAIS

### Les racines du métier

Le métier d'agent immobilier est très ancien : déjà dans l'Antiquité grecque et romaine, les propriétaires faisaient appel à des intermédiaires rémunérés pour vendre leurs immeubles ou leurs terrains. Cette activité a connu plusieurs visages et plusieurs noms à travers les siècles. Le terme de courtier s'impose ainsi au Moyen Âge et il est encore celui qui domine dans les pays anglo-saxons (*broker*). En France, on parlera plutôt d'agent d'affaires, puis d'agent immobilier à partir du début du XIX^e^ siècle. À cette époque, ils opéraient essentiellement en ville, et on sait qu'ils touchaient une commission de 2 à 3 % du prix de vente lorsqu'ils vendaient un immeuble. À la campagne, où beaucoup d'affaires se traitaient en famille ou entre connaissances, les notaires étaient (et restent encore bien souvent) les principaux acteurs dans les ventes foncières et immobilières.

C'est pendant le XIX^e^ siècle que le métier émerge réellement ; au départ, les agents immobiliers sont plutôt chargés de gérer les locations, car les ventes sont encore peu nombreuses.

En effet, seules les couches les plus aisées de la population possèdent des immeubles et mettent les appartements en location : on parle d'immeubles « de rapport ». En ville, l'immense majorité des habitants est locataire. Investir dans la pierre est à cette époque le placement préféré de la bourgeoisie, et notamment des rentiers. Être propriétaire confère alors bien plus que le revenu tiré des loyers : c'est un véritable statut social, qui vient du fait que le Code Napoléon consacre le droit de propriété comme un des plus importants qui soit.

## Permettre aux propriétaires de tirer un bénéfice de leur patrimoine immobilier.

Comme la gestion des locations exige du temps et du savoir-faire, les membres de la bourgeoisie qui possèdent un ou plusieurs immeubles de rapport font fréquemment appel à des professionnels pour la gestion de leur patrimoine : ils les chargent de rechercher des locataires, d'encaisser les loyers et d'entretenir les immeubles. Même les grandes compagnies immobilières, comme celle des frères Pereire qui réalisera une partie importante des travaux à Paris sous Haussmann (mais aussi à Marseille), font appel à des administrateurs d'immeubles une fois les constructions achevées et mises en location. En région lyonnaise, on les appelle « régisseurs ». La principale raison d'être de ces professionnels, ancêtres de nos agents immobiliers, est de permettre à ces propriétaires de tirer un bénéfice financier de leur patrimoine immobilier.

Après la Première Guerre Mondiale, ce système périclite : les grandes fortunes bourgeoises ont souffert de la guerre et ne peuvent plus assurer le financement de la construction neuve. L'entre-deux-guerres est marquée par une pénurie très forte de logements et des conditions d'habitat médiocres (immeubles vétustes, faibles surfaces, etc.). L'immeuble de rapport appartenant à un seul propriétaire, ou en indivision entre plusieurs héritiers, devient plus rare, surtout dans les grandes villes comme Paris, Strasbourg ou Lyon. Il reste présent dans les centres de villes moyennes et dans certaines grandes villes comme Lille, Marseille ou Bordeaux, mais son déclin a tendance à se poursuivre. Il est remplacé petit à petit par la copropriété, où chaque appartement appartient à un propriétaire, qui l'habite ou le met en location. La copropriété commence à se développer dans l'entre-deux-guerres, à partir de quelques noyaux traditionnels comme Grenoble, et connaît une réelle explosion après la Seconde Guerre Mondiale, même si elle ne sera réellement réglementée qu'en 1965. L'amélioration du niveau de vie pendant les Trente Glorieuses (1945-1975) permet à un nombre toujours plus important de ménages d'accéder à la propriété grâce au crédit, et donc à de meilleures conditions de logement.

Une forme atypique de cité-jardin gérée par la coopérative Paris-Jardins. Affiche de Gabriel Pernet, 1911.

## Les grandes tendances dans le domaine du logement

Dans les années 1960, la politique du logement évolue. Grâce à l'aide publique versée aux constructeurs, l'État favorise la construction de grands ensembles, que ce soit en HLM (Habitations à loyers modérés) ou, par le biais de promoteurs, en copropriété. Les agents immobiliers sont partie prenante de cette évolution : ils bénéficient de l'accroissement du nombre de ventes. Le temps est loin où ils étaient principalement les gestionnaires des biens immobiliers de la bourgeoisie. Ceux qui s'occupaient des locations modernisent leur activité, qui devient plus technique et moins centrée sur les rapports personnels avec les grands propriétaires.

À partir de la loi de 1965, qui fixe le cadre juridique de la copropriété, ils commencent également à exercer le nouveau métier de syndic de copropriété (le syndic est l'entreprise chargée par les copropriétaires d'assurer l'entretien des parties communes, les réparations et plus généralement la gestion de la copropriété). Parmi ceux qui pratiquaient la vente d'immeubles ou de terrains, beaucoup se lancent comme promoteurs ou s'associent à eux pour la commercialisation des programmes neufs, c'est-à-dire la vente où la location des maisons ou appartements en construction. Quelques-uns s'orientent vers l'immobilier d'entreprise et de bureaux. Ceux qui restent à l'écart de la fièvre de construction sont principalement de petites agences de quartier, au fonctionnement familial.

À partir des années 1970, les professionnels du logement comme les habitants rejettent de plus en plus l'urbanisme de grand ensemble. Les classes moyennes et aisées qui en ont la possibilité s'installent, au moment de la naissance des enfants, en maison individuelle dans le périurbain, c'est-à-dire d'anciennes zones rurales situées à proximité des grandes

## LES PROMOTEURS

Les promoteurs coordonnent la construction et ses différentes étapes : recherche de financement, de terrain, obtention du permis de construire, réalisation des plans puis des travaux, vente ou location des logements. Il arrive que le promoteur assure lui-même la plupart de ces opérations. Mais certaines entreprises de promotion immobilière en sous-traitent une partie. Dans ce cas, tout au long du processus, le promoteur supervise le travail de tous les intervenants : bureaux d'études, architectes, entreprises de bâtiment, puis enfin agences immobilières pour la commercialisation des logements.

villes. Ces ménages ont souvent une vision idéalisée de la vie à la campagne, mais gardent un mode de vie urbain (par le lieu de travail, la fréquentation des grandes surfaces, les types de loisirs, etc.). De plus en plus de gens cherchent à devenir propriétaires (c'est encore le cas aujourd'hui, comme le montrent les différentes enquêtes régulièrement réalisées depuis plus de trente ans).

La politique menée par les gouvernements français depuis la fin des années 1970 renforce encore ce mouvement : l'État ne subventionne plus les constructeurs et les promoteurs, ce qui se traduit notamment par une baisse de la construction de logements sociaux. Il instaure à la place des aides destinées aux habitants, appelées « aides à la personne ». Ces aides peuvent être versées directement sous forme de prestations (comme l'APL, aide personnalisée au logement) ou prendre la forme de prêts aidés (comme le PÕ, prêt à taux zéro). Leur objectif est de permettre aux ménages de devenir propriétaires en facilitant par exemple le remboursement des crédits. Ainsi,

Une famille visite une maison individuelle en banlieue.

dans les années 1980, des familles plus modestes parviennent à acquérir une maison, souvent en lotissement, parfois de qualité médiocre. Dans les années 1990, 55 % des ménages sont propriétaires, alors qu'ils n'étaient que 35 % en 1950. Ce développement de la propriété individuelle s'est fait avec des fortunes diverses, car la montée du chômage a fragilisé une partie de ces ménages populaires qui, malgré les aides publiques, n'ont pas pu rembourser leurs crédits.

## L'immobilier en région

Les grandes tendances de l'immobilier sont nationales mais elles se déclinent différemment selon les régions. De la même façon, les agences immobilières sont inégalement réparties sur le territoire. La carte suivante montre le nombre d'agences par département pour 10 000 logements, hors logements HLM.

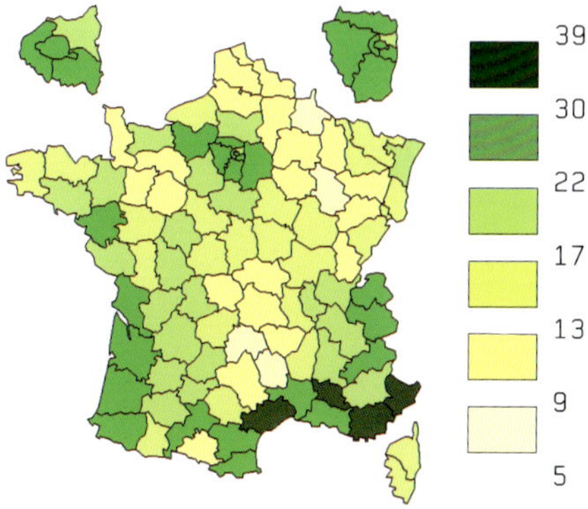


Nombre d'agences par département pour 10 000 logements, hors logements HLM.

Les agences sont surtout installées dans les zones où la demande de logements est la plus forte, en premier lieu la région parisienne, le pourtour méditerranéen et les Alpes, notamment avec des villes comme Annecy qui sont parmi les plus chères de France. Les grandes villes, qui brassent des flux très importants de populations mobiles, ne sont pas les seules à voir beaucoup d'agences immobilières s'implanter. C'est également le cas des régions attractives du Sud et de l'Ouest où les marchés de la maison secondaire et des locations touristiques boostent l'activité immobilière. Les agents immobiliers sont moins présents dans certaines régions du Nord et de l'Est, ainsi que dans les zones rurales parce que les notaires y ont traditionnellement un rôle important.

Depuis les années 1990, les Français continuent à s'installer à la périphérie des villes (et même de plus en plus loin), mais il y a aussi d'autres mouvements de population : une partie des classes moyennes, parmi les moins fortunées, redécouvre progressivement l'attrait des centres-villes anciens populaires. Ces ménages sont à la recherche de logements abordables, mais aussi d'un mode de vie urbain dans des quartiers ayant du cachet : ils achètent dans les quartiers populaires des appartements anciens qu'ils rénovent ou font rénover. Ils enclenchent alors un processus de « gentrification » : à force de rachats et de rénovations, des quartiers autrefois populaires se transforment, tendent à s'embourgeoiser et voient leurs habitants les plus modestes partir. La gentrification – on parle aussi maintenant de « quartiers bobos », touche un nombre croissant de quartiers, et pas seulement à Paris : il s'agit d'un des facteurs essentiels de transformation des villes depuis les années 1990.

## Des prix qui doublent entre 1999 et 2008.

L'attrait du public pour une maison proche de la ville ou un appartement en quartier « bobo » sont des tendances à long terme que l'on peut constater encore aujourd'hui. Mais elles sont marquées par la très forte montée des prix qui s'amorce en 1998. Il est certes habituel que les prix de l'immobilier soient cycliques (ils s'étaient effondrés en 1993 après un « boom » entre 1988 et 1991), mais la hausse a pris des proportions inédites depuis le début des années 2000 : les prix de vente des maisons et appartements doublent entre 1999 et 2008, date depuis laquelle ils montent moins, mais sans connaître pour l'instant de reflux significatif.

Les causes de cette hausse sont multiples : sur le plan économique, comme le niveau des taux d'intérêt est très bas, les ménages peuvent s'endetter plus et acheter à des prix plus élevés. En effet, dans la très grande majorité des cas les ménages doivent prendre un crédit pour acheter un bien immobilier. Plus le taux d'intérêt est bas et moins l'opération coûte cher à l'emprunteur. Par exemple, pour emprunter 200 000 euros à 3 % sur 20 ans, le remboursement mensuel est de 1 110 euros. Emprunter la même somme avec la même durée de remboursement, mais à 5 %, entraîne un remboursement mensuel de 1 320 euros.

Le prêt à taux zéro ou les autres formules d'aide à l'accession à la propriété ont aussi contribué à cette hausse des prix. Par ailleurs, de plus en plus d'acheteurs sont déjà propriétaires : comme ils revendent leur bien, ils disposent d'un apport financier qui leur permet de faire face aux prix élevés, au détriment de ceux dont c'est le premier achat – les primo-accédants. Les facteurs sociaux sont également importants : devant la montée de la précarité et des incertitudes, notamment en matière de retraite, les Français cherchent à constituer un patrimoine pour se mettre à l'abri du besoin. De plus en plus, chacun souhaite devenir propriétaire, quel qu'en soit le prix. De ce point de vue, il y a un contraste entre la mobilité des ménages, qui ne cesse de croître à cause des mutations professionnelles et des ruptures familiales, et le désir de stabilité incarné par le logement et l'accession à la propriété. Tout cela nourrit le niveau élevé des prix, qui ne sera pourtant pas tenable éternellement à cause du décalage grandissant entre les prix du logement et le pouvoir d'achat des ménages. Cette forte hausse des prix a eu des conséquences importantes. Les quartiers de centre-ville sont de moins en moins accessibles, même aux classes moyennes, tandis que les plus modestes, qui souvent ne trouvent pas de place dans le logement social, sont contraints de vivre de plus en plus loin des centres et de leur lieu de travail.

## LES AGENTS IMMOBILIERS AUJOURD'HUI

### L'évolution récente de la profession

Comment les tendances actuelles du marché du logement affectent-elles les agences immobilières ? Il y a des effets à court et à long terme. À court terme, le nombre d'agences dépend de la conjoncture. La période faste du début des années 2000 a ainsi vu une explosion du nombre d'agences immobilières, qui passe en dix ans de 17 000 à 30 000. En effet, quand les prix de l'immobilier augmentent, beaucoup essayent d'en profiter et montent alors une agence : comme la commission est proportionnelle au prix de vente, les bénéfices peuvent être importants.

Agence du groupe ORPI en centre-ville.

De plus en plus d'agences appartiennent à des réseaux commerciaux, qui existent depuis longtemps (comme le groupe ORPI) mais qui connaissent une forte expansion depuis l'installation en France, en 1986, de la franchise américaine Century 21. Les années suivantes ont vu la création d'autres réseaux au fonctionnement assez proche, en franchise le plus souvent, comme

## LA FRANCHISE

Le système de la franchise met en lien un franchiseur et des franchisés, qui sont des entreprises indépendantes. Le franchiseur est une entreprise qui fournit à ses adhérents une marque (logo, charte graphique, etc.), des méthodes (savoir-faire, formation, pratiques commerciales, etc.) et une assistance technique en contrepartie d'un paiement (à la fois fixe et en pourcentage du chiffre d'affaires). Dans un réseau d'agences immobilières en franchise, chaque agence du réseau est donc indépendante mais adopte les mêmes méthodes de travail, la même apparence, et est en lien avec les autres par l'intermédiaire du franchiseur qui met en place, selon les cas, un site Web commun, un fichier avec toutes les petites annonces du groupe, mais aussi des rencontres, formations, congrès, etc. Il existe d'autres types de réseaux, mais la franchise est le plus répandu.

Laforêt Immobilier, ERA ou Guy Hoquet. D'autres ont encore suivi à la fin des années 1990 ou au début des années 2000 (Solvimo, l'Adresse, etc.).

En général, ces réseaux offrent aux agences adhérentes leur image de marque et leur notoriété, des formations, des services (comme de l'aide juridique) ainsi que, pour certains d'entre eux, l'accès à un fichier commun des affaires traitées dans le réseau, en échange d'une partie du chiffre d'affaires de l'agence. Être dans ces réseaux peut permettre à une agence d'être un peu moins vulnérable financièrement que si elle était indépendante. Les agences de ces réseaux sont assez grandes, comptent au moins cinq ou six commerciaux, ont un logo reconnaissable et, en général, sont situées dans des endroits particulièrement visibles. Cela donne l'impression que les réseaux sont omniprésents, alors qu'en réalité la majorité des agences créées sont indépendantes. Elles sont moins visibles, comptent moins de commerciaux et, avant qu'elles ne se constituent une clientèle et une notoriété durant les premières années de leur activité, sont assez fragiles. Depuis 2008, par exemple, la crise a provoqué la fermeture d'un grand nombre d'agences. Beaucoup continuent pourtant de se créer, espérant profiter des prix élevés, mais le nombre relativement faible d'affaires crée une concurrence qui ne permet pas à toutes de survivre : il n'y a pas suffisamment de ventes pour faire tourner toutes les agences. Le niveau des prix immobiliers a certes bénéficié à une partie de la profession, mais tous ne s'en sont pas sortis.

La majorité des agences créées sont indépendantes.

Une nouvelle formule existe également depuis peu : les réseaux de mandataires. Ces entreprises proposent à des agents immobiliers, novices ou confirmés, d'exercer leur activité individuellement, sans passer par une agence. De tels réseaux fournissent le cadre légal pour travailler, comme le ferait un directeur d'agence détenteur de la carte professionnelle (voir plus loin) ainsi qu'un « pack » contenant des services différents selon les réseaux, par exemple un espace Web pour diffuser ses petites annonces et des supports publicitaires (tracts, etc.). Le commercial membre de ce réseau travaille alors seul et n'a pas forcément de bureau car il peut travailler à domicile. Il reverse ensuite une partie de ses commissions au réseau. Cette part est variable selon les réseaux, mais elle est moins importante que celle versée par une agence. Ce système connaît un certain succès, mais il est encore trop tôt pour en dresser un bilan complet.

Pour autant, la profession dans son ensemble n'est pas menacée de disparition. Sur le moyen-long terme, le nombre d'agences a plutôt tendance à augmenter et à accompagner le développement du marché de l'immobilier ancien (le marché du neuf est plutôt l'apanage des promoteurs). Le marché de l'ancien a dépassé en volume les ventes de logements neufs au milieu des années 1980 et sa part n'a pas cessé de s'accroître depuis, atteignant 600 000 à 800 000 ventes selon les années, tandis que le marché du neuf se situe autour de 400 000 ventes par an, lorsque la conjoncture est favorable. Le marché de l'ancien

Visite d'un appartement ancien en centre-ville.

est porté par le développement de l'accession à la propriété et, surtout, par l'augmentation de la mobilité professionnelle et familiale : plus les gens sont amenés à changer de logement sous la pression des circonstances (mutation, divorce...), avec des contraintes de temps, de lieu, de revente de leur bien, etc., plus ils ont besoin de faire appel aux professionnels de la transaction immobilière. Plus généralement, alors qu'auparavant un individu n'achetait qu'un appartement ou maison au cours de son existence, nous sommes maintenant de plus en plus nombreux, en France, à acheter plusieurs biens, par choix ou par contrainte, parfois même après l'âge de la retraite. Le potentiel de développement du marché de l'ancien est donc encore fort.

## La part de marché des agences immobilières

Pour profiter de ce potentiel, la profession doit augmenter ses parts de marché. En effet, une bonne partie des ventes lui échappe, celles qui se font entre particuliers. On estime habituellement que les agents immobiliers ne réalisent qu'une vente sur deux, avec quelques variations selon les régions. Une enquête de l'INSEE de 1992 fournit les chiffres suivants : 48 % de ventes conclues par les agents immobiliers, 41 % entre particuliers et 11 % avec un notaire comme intermédiaire. Certains pays comme l'Allemagne, la Suisse et la Grèce ont des taux plus bas (autour de 30 %), l'Espagne, la Belgique et le Portugal se situeraient dans la même fourchette que la France, tandis que la Grande-Bretagne, l'Irlande, la Suède et les Pays-Bas connaissent des taux nettement plus élevés, entre 70 % et 90 % de ventes conclues par les agences. Les États-Unis, qui sont la référence la plus souvent citée par les agents immobiliers français, enregistrent 80 % de ventes réalisées par un intermédiaire. Il est donc assez fréquent en France de se passer d'intermédiaire.

*C'est un métier d'avenir. La moitié des ventes se fait entre particuliers : vous en connaissez beaucoup des professions où il reste 50 % de parts de marché à conquérir ?*

Laurent, agent immobilier.

Certains ont cru qu'avec Internet, la vente entre particuliers deviendrait la règle et que les nouvelles technologies sonneraient le glas des intermédiaires comme les agents immobiliers. Mais la part de marché des professionnels n'a pas beaucoup évolué avec la diffusion des sites de petites annonces en ligne. En réalité, les agents immobiliers, et surtout les réseaux commerciaux, ont beaucoup investi Internet. Ils l'utilisent pour faire la promotion de leur agence et des biens qu'ils proposent, notamment par le biais de leurs sites Web, mais aussi pour la prospection, c'est-à-dire la recherche d'affaires. Par exemple, beaucoup d'agences s'abonnent à un service de revue de presse qui les tient au courant des annonces passées sur les sites de ventes et locations entre particuliers, ce qui leur permet d'être les premiers à contacter les vendeurs qui passent une petite annonce sur Internet. Les agences immobilières sont donc très présentes sur le Web et, pour l'instant, les nouvelles technologies n'ont pas conduit à gonfler outre mesure le marché entre particuliers.

## Les particuliers se méfient souvent des agents immobiliers.

Les particuliers souhaitent souvent se passer d'intermédiaire, surtout pour éviter de payer une commission – qui se monte souvent à 6 % du prix de vente environ –, mais aussi parce qu'ils se méfient souvent des agents immobiliers : les vendeurs craignent qu'ils proposent peu de visites, les acheteurs qu'ils n'aient pas assez de biens à présenter ou que les prix demandés ne reflètent pas le marché. Il existe pourtant des pays comme les États-Unis où le niveau des commissions est aussi élevé qu'en France, mais où presque toutes les ventes sont faites par un intermédiaire. En Angleterre, les commissions sont plus basses (de 2 à 3 %) mais le recours à l'agent immobilier s'explique par d'autres raisons : la négociation y est moins sécurisée qu'en France. Certes, la négociation n'est pas simple en France. *La négociation entre particuliers, c'est un match de boxe sans arbitre, tous les coups sont permis*, dit un directeur d'agence. Mais une promesse de vente y est un engagement ferme du vendeur et de l'acheteur de conclure la vente au prix fixé, alors qu'au Royaume-Uni, le vendeur peut choisir de vendre à un autre acheteur qui ferait une proposition plus intéressante (pratique dite du « gazumping »). Ou, à l'inverse, l'acheteur peut retirer son offre pour demander un prix plus faible (« gazundering »). Il en résulte une grande incertitude, et le recours à des intermédiaires professionnels est nécessaire pour mener la négociation.

La situation en France est un peu plus complexe. Certes, les agents immobiliers ne réalisent qu'une vente sur deux mais cela ne veut pas dire qu'ils sont totalement absents de la moitié du marché. Bien souvent, le vendeur qui vend à un particulier a aussi confié son bien à un agent. Une agence peut proposer deux possibilités à un vendeur qui la contacte pour vendre son bien, le mandat simple ou le mandat exclusif. Un mandat est un contrat signé entre les deux parties, l'agence et le vendeur. Dans le mandat simple, l'agent met en vente le bien mais autorise le vendeur à vendre par lui-même et à solliciter d'autres agences ; dans le mandat exclusif, la vente doit obligatoirement passer par l'agent immobilier. Certaines agences mettent en place une forme hybride de mandat, qui peut avoir de multiples noms (« mandat partenaire », par exemple). Il s'agit en réalité d'un mandat simple doublé d'un engagement moral : le vendeur conserve le droit de vendre par lui-même mais s'engage à ne pas recourir à d'autres agences. Ces mandats ne sont pas contraignants d'un point de vue juridique, mais ils peuvent être utilisés pour marquer la confiance entre les deux parties, sans se lier totalement les mains comme dans le mandat exclusif.

Les mandats simples ont en général une durée de trois mois, tandis que les mandats exclusifs durent plus fréquemment un mois. Ils sont plus confortables pour l'agent immobilier qui se retrouve seul à vendre le bien, mais plus contraignants pour le vendeur, qui, ne pouvant ni vendre lui-même ni solliciter une autre agence le temps du mandat, court le risque d'être bloqué si l'agence qui a le mandat exclusif ne parvient pas à la vente. Dans les faits, le mandat simple reste largement dominant en France où l'on compte moins de 10 % d'exclusivités.

Les mandats exclusifs, plus confortables pour l'agent immobilier mais rares en France.

Mais on constate de grosses différences selon les régions, les secteurs et les types d'agence (selon leur culture commerciale, leur ancienneté, etc.) : par exemple, les réseaux de franchisés ont souvent une culture de l'exclusivité et la proposent dès que possible au vendeur, tandis que beaucoup d'indépendants n'en parlent même pas car ils estiment que le mandat exclusif a mauvaise presse.

Les agents immobiliers disent souvent que c'est à cause du mandat simple qu'ils ne réalisent que la moitié des ventes en France. Et il est vrai qu'avec le mandat simple, l'agent immobilier subit à la fois la concurrence du vendeur et de ses confrères, et court le risque de voir un bien pour lequel il a un mandat être vendu par un autre que lui. Les agents immobiliers prennent beaucoup plus de mandats qu'ils ne réalisent de ventes. La plupart réalisent moins d'une vente pour quatre mandats, même s'il y a de très fortes variations d'une agence à l'autre, ou entre les commerciaux d'une même agence. On estime également que près des trois quarts des vendeurs font appel à une agence à un moment ou à un autre du processus de vente, alors qu'une vente sur deux seulement est finalement conclue par un professionnel.

## Beaucoup plus de mandats que de ventes.

Le mandat simple est bien une caractéristique qui distingue le marché français des marchés immobiliers anglo-saxons, où le mandat exclusif est presque le seul cas de figure. Aux États-Unis, les agences ont réussi à conquérir le marché des particuliers et à généraliser le mandat exclusif grâce à l'utilisation de systèmes de fichiers communs locaux, les MLS (Multiple Listing System). Chaque mandat exclusif entré par une agence d'un secteur donné est ainsi partagé avec les autres agences du secteur adhérant au MLS et il y a un partage de commission si l'agence qui vend le bien n'est pas celle qui a entré le mandat. Plus il y a d'agences adhérentes et plus le fichier commun est attractif : les acheteurs savent qu'ils y trouveront de nombreuses offres de ventes, et les vendeurs peuvent trouver rapidement un acquéreur car le fichier est très consulté. Lorsque la majorité des agences d'un secteur donné fait partie du MLS, il peut y avoir un effet boule de neige : la quasi-totalité des vendeurs leur confient leur bien.

Cet effet a fonctionné aux États-Unis. Un système équivalent est testé en France depuis le milieu des années 2000 (2005-2006) avec des résultats assez contrastés selon les villes et les quartiers. Mais les agences indépendantes, surtout, sont assez réticentes : selon elles, ce système de fichier commun favoriserait surtout les grands réseaux. Beaucoup pensent également que le mandat exclusif ne correspond pas à la mentalité des vendeurs français, qui se sentiraient pris au piège. Il faudra sans doute attendre encore quelques années pour tirer le bilan de cette expérience en France.

Un métier accessible à un grand nombre de personnes venues d'autres secteurs.

# Repères sur le métier d'agent immobilier

## LES TÂCHES : TRANSACTION ET GESTION LOCATIVE

### La transaction

On l'a vu, le travail des agents immobiliers s'organise autour de deux activités principales. La première consiste à trouver pour un propriétaire un acheteur ou un locataire : c'est ce qu'on appelle la transaction. L'agent est rémunéré par une commission proportionnelle au prix de vente (ou au loyer) qui peut être très importante (les tarifs des agences sont libres) mais qui, par définition, n'est perçue qu'au coup par coup. L'activité de transaction immobilière concerne aussi les fonds de commerces (vente ou location de locaux commerciaux) et la prospection foncière, c'est-à-dire la recherche de terrains pour un promoteur. Il est en revanche rare que l'agent recherche un bien pour un acheteur : c'est théoriquement possible (il existe des mandats de recherche), mais assez marginal, à l'exception des « coachs immobiliers » qui se développent à Paris depuis une dizaine d'années, dans un contexte où les acheteurs ont beaucoup de mal à trouver des offres. Mais en général, le point de départ est le contact avec un client vendeur qui apporte un « produit ».

*La base du métier, c'est le produit. Une fois qu'on a un produit, je ne dis pas que c'est toujours facile de trouver un acheteur... mais c'est quand même le produit qui attire l'acquéreur. C'est vraiment la base.*

Romain, agent immobilier, 34 ans.

## La gestion locative

La seconde activité est la gestion locative qui revient à s'occuper pour un propriétaire d'un bien mis en location et des relations avec les locataires : l'agence perçoit les loyers, envoie les quittances, contacte les artisans et autres

### LE SYNDIC DE COPROPRIÉTÉ

Un immeuble en copropriété n'appartient pas à un seul propriétaire mais à plusieurs, en général un par appartement, et les copropriétaires doivent gérer ensemble l'immeuble : il faut collecter les charges, payer pour l'entretien et le ménage dans les parties communes, l'ascenseur, les travaux de réparation, etc. Dans la plupart des cas, les copropriétaires confient cette gestion à une entreprise, le syndic de copropriété. C'est le syndic qui gère le compte bancaire de la copropriété, qui récupère les charges versées par les habitants, qui contacte les fournisseurs et les entreprises de réparation et d'entretien, etc. Une réforme prévue en 2013 doit instaurer une nouvelle carte professionnelle pour l'activité de syndic.

professionnels pour réaliser les petites réparations, etc. Elle reverse les loyers au propriétaire mais en prélevant chaque mois sa rémunération, une commission qui correspond à un certain pourcentage du loyer annuel. La gestion locative est donc moins rémunératrice que la transaction, puisque 5 % du loyer annuel représente moins que 5 % du prix de vente, mais elle apporte des revenus plus réguliers. On estime qu'environ un tiers des logements mis en location sont ainsi confiés à une agence. C'est une activité distincte de celle de syndic de copropriété qui porte sur l'ensemble d'un immeuble. La majorité des agences pratiquent seulement la transaction immobilière, certaines à la fois la transaction et la gestion, mais très peu d'agences ne font que de la gestion.

## LES CONTRAINTES DU MÉTIER

### Une carte professionnelle obligatoire

La transaction et la gestion sont réglementées depuis les années 1970 (voir page suivante) et il faut obtenir une carte professionnelle délivrée par la préfecture pour les exercer. Cette carte doit être détenue par le responsable de l'agence, mais il n'y a aucune condition requise pour les collaborateurs. Les associations de consommateurs dénoncent ce dernier point : d'après elles, il en résulte que n'importe qui peut, sans formation ni contrôle, exercer l'activité d'agent immobilier. C'est d'ailleurs ce qui rend le métier accessible à un grand nombre de personnes venues d'autres secteurs. Le directeur de l'agence est par contre responsable de ses collaborateurs et de leurs éventuelles erreurs.

Un propriétaire signe un mandat de vente dans une agence.

## LA LOI HOGUET RÉGLEMENTE LA PROFESSION

Bien que la profession existe depuis longtemps, sa réglementation actuelle est assez récente. Elle remonte à la loi Hoguet de 1970 (légèrement réformée en 2006) qui réglemente les conditions d'exercice de la transaction et de la gestion locative. Cette loi a été impulsée par les organisations professionnelles (voir p. 117) qui souhaitaient moraliser la profession et améliorer son image. Contrairement aux professions libérales comme les notaires ou les avocats, les agents immobiliers ne sont pas surveillés ni agréés par un ordre professionnel, pas plus qu'il n'existe de numerus clausus (contrairement aux médecins) qui limite le nombre de praticiens. Pour certains agents, c'est l'une des raisons qui explique la méfiance du public à leur égard. Encore aujourd'hui, les agents immobiliers rappellent fréquemment l'existence de la loi Hoguet pour convaincre leurs interlocuteurs que la profession a moralisé ses pratiques et qu'ils peuvent leur faire confiance.

## Une loi pour moraliser la profession et améliorer son image.

La loi Hoguet stipule que les directeurs d'agence doivent détenir une carte professionnelle délivrée par la préfecture. Il existe deux types de carte, l'une pour la transaction (achat, vente, location), l'autre pour la gestion locative. Un même agent peut détenir les deux. Pour ouvrir sa propre agence, trois conditions sont requises :

- Un niveau de diplôme ou une expérience professionnelle dans le secteur.

Il faut trois ans d'études juridiques, économiques ou de gestion, ou un BTS/DUT Professions immobilières, ou encore le diplôme d'un institut d'études juridiques ou commerciales, option vente et gestion d'immeubles. Pour ceux qui ont déjà travaillé, il faut soit un baccalauréat et trois ans d'expérience (en transaction pour une carte de transaction, en gestion pour une carte de gestion), soit dix ans d'ancienneté dans des activités immobilières (quatre pour les anciens cadres).

- La souscription d'une assurance en responsabilité civile et professionnelle (RCP), pour couvrir les dommages corporels, incorporels et immatériels.

- Justifier d'une garantie financière pour sécuriser les arrhes déposées par un client.

En effet, lorsqu'une promesse de vente est signée, le futur acheteur verse des arrhes qui doivent être sécurisées. Le client doit être sûr de pouvoir retrouver son argent, même si, par exemple, l'agence fait faillite. Souvent, le client dépose les arrhes chez le notaire, mais cela peut aussi se faire auprès de l'agence. Les agences ont donc besoin de l'engagement d'une caisse de caution qui peut être une banque, une assurance ou un organisme spécialisé comme la SOCAF.

## N'importe qui peut devenir agent immobilier.

Ces conditions valent pour les directeurs d'agence immobilière, qui ont la carte professionnelle. Leurs employés et collaborateurs ne sont pas tenus aux mêmes obligations. Soit ils sont négociateurs salariés, subordonnés du directeur de l'agence : ils bénéficient alors de la convention collective de l'immobilier ; soit ils sont agents commerciaux, inscrits au registre du commerce : ils sont alors considérés comme les mandataires du responsable de l'agence et doivent détenir une autorisation préfectorale, qui n'est pas spécifique à l'immobilier mais qui est demandée à tout agent commercial. N'importe qui peut donc devenir collaborateur d'agence et donc, *de facto*, agent immobilier.

Au-delà de la carte professionnelle, la loi Hoguet définit les conditions d'exercice de la profession. Tout repose sur le fait que l'agent est un mandataire : il ne peut donc effectuer la moindre démarche sans avoir reçu de mandat d'un vendeur, d'un acheteur ou d'un propriétaire qui met son bien en location. Tous les mandats sont des contrats signés par les deux parties (vendeur et agent immobilier). Ils doivent être limités dans le temps, indiquer la rémunération prévue et être inscrits dans le cahier des mandats de l'agence. Le mandat de transaction concerne aussi bien la vente que la recherche de locataires, tandis que le mandat de gestion concerne les rapports avec le locataire une fois qu'il est dans les lieux, ainsi que la rédaction et la signature du bail.

## Les professions concurrentes

Certaines professions ont également le droit de pratiquer la transaction sans cette carte professionnelle, et en particulier les notaires. En zone rurale, il arrive d'ailleurs que le marché soit principalement aux mains des notaires. C'est beaucoup moins vrai dans les grandes villes. Aucun des deux n'aime que l'autre empiète sur son pré carré : d'un côté, les notaires estiment que les agents immobiliers ne sont pas qualifiés pour faire signer les documents juridiques, comme les compromis de vente (ce que la majorité ne fait d'ailleurs pas) tandis que, de l'autre, les agents immobiliers pensent que les notaires n'ont pas une vocation commerciale et qu'il y a risque de confusion entre leur fonction d'officier d'État et la pratique de la vente. Ce reproche est d'autant plus fort que les notaires ont en général une meilleure image que les agents immobiliers. Pourtant, les deux professions ne sont pas toujours en concurrence et peuvent se recommander mutuellement : l'agent immobilier peut indiquer à ses clients un notaire pour signer la vente ou, inversement, le notaire d'un propriétaire peut lui conseiller un agent immobilier.

Les notaires ne sont pas les seuls concurrents. Beaucoup d'autres développent, parfois à titre secondaire, une activité de transaction. Il peut s'agir de professions assez proches, liées au secteur de l'immobilier, qui prennent une carte professionnelle pour pouvoir, quand l'occasion se présente, être l'intermédiaire sur une vente et percevoir une commission : promoteurs, marchands de biens (les marchands de biens achètent un bien et généralement le restaurent pour le revendre ensuite). L'inverse est d'ailleurs vrai : une agence immobilière peut participer à un programme de promotion, et un agent réalise parfois, à titre personnel, une opération de marchand de biens.

La nouveauté depuis le début des années 2000 est l'entrée en lice des banques. Elles ouvrent des filiales qui fonctionnent comme un réseau d'agences immobilières (Square Habitat pour le Crédit Agricole, par exemple) mais qui ont un double but : non seulement vendre ou louer des biens, mais aussi proposer des prêts immobiliers. En effet, il est devenu vital pour les banques de fidéliser des clients et l'octroi d'un crédit immobilier, qui court sur un temps très long, est une très bonne méthode pour cela. Les agences immobilières classiques craignent plus cette concurrence que celle des notaires.

## L'ORGANISATION DU TRAVAIL DANS UNE AGENCE

### Rôle et place de chacun

L'agence Immo Plus, dans la banlieue de Lyon, ne compte que trois collaborateurs en plus d'Alain, son directeur, qui a une cinquantaine d'années. Contrairement à certains directeurs d'agence, il réalise encore beaucoup de visites et se réserve le secteur autour de l'agence où les prix sont moins élevés qu'à Lyon, mais où les durées de déplacement sont moins longues et la concurrence plus faible. Philippe a 44 ans. Il est encore salarié à temps partiel dans une banque et attend pour sauter définitivement le pas que son activité d'agent immobilier se stabilise. Il obtient de bons résultats et s'occupe exclusivement de la vente de maisons dans l'Est lyonnais. Salima, 22 ans, a un BTS commercial, travaille à temps plein et est chargée des ventes à Lyon, ainsi que dans certains secteurs où Alain n'aime pas aller. *Il a peur de se faire rayer sa voiture s'il va en banlieue*, dit souvent ironiquement Salima. Christophe, 18 ans, est stagiaire. Il travaille toujours à l'agence, assurant un travail de secrétariat et démarchant les vendeurs par téléphone.

Avec les visites, il est rare que tous les commerciaux soient présents à l'agence en même temps.

L'agence ouvre à neuf heures. À part Philippe, chacun y est présent un peu avant, sauf en cas de rendez-vous. Philippe est très peu présent à l'agence, n'y passant que pour finaliser les ventes avec Alain. La journée commence par le dépouillement des petites annonces des particuliers, pour repérer celles qui entrent dans le secteur de l'agence et qui semblent intéressantes. Ensuite, il faut démarcher les vendeurs au téléphone et essayer d'obtenir un rendez-vous et une éventuelle prise de mandat le plus rapidement possible, souvent dans la journée ou le lendemain. Tout le monde y participe, même Alain lorsqu'il en a le temps (sinon, Christophe fait pour lui le démarchage téléphonique). Christophe aime bien varier la façon de prendre contact avec un vendeur. Ce matin, il appelle pour une annonce dans la proche banlieue lyonnaise. Il demande quelques précisions sur le bien, puis dit : *Je ne sais pas si je suis intéressé.*

*Au fait vous passez par une agence ?* [La vendeuse répond qu'elle n'en veut pas.] *Vous avez raison. Mais vous avez beaucoup de visites ? Moi je voulais éviter à cause de la commission, mais j'ai rencontré une agence où ils sont vraiment bien* [donne les coordonnées de l'agence], *à l'écoute, et ils m'ont montré de bonnes choses.* Puis il raccroche. Quelques minutes plus tard, la propriétaire appelle l'agence. Alain décroche et prend rendez-vous pour la fin de la matinée. La vendeuse a une soixantaine d'années et vend un deux-pièces. Quelques années auparavant, elle a eu une déconvenue avec une agence immobilière. Dès le début du rendez-vous, elle exige : *Je veux que les annonces soient précises pour éviter aux gens une désillusion.* Elle a déjà confié son bien à une agence, mais le commercial n'appréciait pas les convecteurs (ce qui l'a manifestement vexée) et, surtout, ne lui envoie pas de visites. Alain affirme ne pas avoir de problème avec les convecteurs. Il lui montre les journaux de petites annonces dans lesquels il veut signaler la vente de l'appartement, puis fait le tour des pièces et prend des photos (salon, cuisine, chambre, SdB, vue). La propriétaire se montre pointilleuse lors de la rédaction du mandat, elle insiste pour que le métrage exact soit inscrit, 43,12 m² et non 43 m² :

- *43,12 c'est le métrage Carrez alors écrivez ça.*

- *Laissez-moi vous dire pourquoi je mets 43 : même si c'était 43,7, on le vendrait encore 43.*

- *Oui, mais écrivez 43,12.*

Elle insiste aussi pour que le terme « petit » figure dans les annonces, et s'interroge sur l'orientation : ce n'est ni Sud ni Est, et Alain inscrira sud-est sur le mandat. Elle refuse ensuite de donner le tarif de l'autre agence, arguant que c'est le métier de l'agent de trouver le bon prix de vente. Elle en veut 94 000 euros, après s'être renseignée sur les prix par les petites annonces, et sans faire référence du tout au prix d'achat en 2001. Alain estime que les autres agences prennent 7 % (en affichant le bien à 100 000 euros). Il propose donc 5 %, laissant un prix net au vendeur de 94 000 euros, et il précise : *Prix net vendeur garanti.* Satisfaite, la propriétaire nous laisse partir en disant : *Vous avez l'air dynamique, faites votre métier maintenant, pas comme l'autre qui est venu, envoyez-moi des clients.* Remarque d'Alain en aparté : *Il faut savoir s'adapter aux clients. Ici c'est une personne âgée qui se braque facilement, alors il n'y a qu'à s'adapter. Mais son 43,12 m², moi je mettrai 43 m² sur le site.*

« Il faut savoir s'adapter aux clients. »

La rencontre avec le vendeur permet de visiter le bien, de l'évaluer, d'en faire des photos, de fixer le montant de la commission et de présenter le format des annonces que diffuse l'agence. C'est l'agence qui prend en charge les annonces, la commission n'étant payée qu'en cas de vente. En général, lorsque le premier contact débouche sur un mandat, le commercial retourne à l'agence pour entrer le mandat dans le fichier et annonce le bien sur le site Web avec les photos et des commentaires accrocheurs. Il discute également avec Alain de la façon dont les choses se sont passées, puis relance par téléphone des clients acheteurs qui sont également dans le fichier de l'agence. C'est Alain qui décide sur quels supports publicitaires (journaux, sites, vitrine) diffuser les annonces. Il suit très précisément les retours liés à chacun de ces supports pour optimiser sa communication. Contrairement à beaucoup d'agences, il n'organise pas de réunion d'équipe formelle chaque jour pour discuter des mandats et des démarches à effectuer, mais en parle de façon individuelle et informelle avec ses collaborateurs, lorsqu'il les croise à l'agence. Il est en effet assez rare, entre les visites et les prises de mandat, que tout le monde soit présent à l'agence au même moment. Certains jours, Alain et ses collaborateurs vont prospecter en plaçant des dépliants de l'agence dans les boîtes aux lettres du quartier, mais, à l'inverse de certaines agences, ils font très peu de porte-à-porte.

Les visites prennent une place importante dans les plannings. En général, l'agent prend rendez-vous suite à l'appel d'un acheteur potentiel qui a vu l'annonce sur Internet ou sur un journal d'annonces, plus rarement suite à la relance de clients ou à un client qui entre dans l'agence parce qu'il a vu une annonce en vitrine. Les emplois du temps, temps de pauses et temps à l'agence, sont donc assez variables d'une journée à l'autre, en fonction des visites. Les agents donnent rendez-vous au client dans le quartier où se situe le logement à vendre (d'autres agences préfèrent donner un premier rendez-vous à l'agence avant de faire les visites). Ces visites sont l'occasion de présenter le bien mais aussi de découvrir l'acheteur et éventuellement de lui proposer autre chose. Si l'agence ferme à 19h, il est fréquent que des visites soient prévues en dehors des heures d'ouverture

Distribution de cartes de visite dans les boîtes aux lettres du quartier.

de l'agence, en début de soirée ou même le week-end si l'agent sent la visite très prometteuse. Lorsqu'une visite débouche sur une offre d'achat, l'agent la transmet par téléphone au vendeur, et parfois l'invite à passer à l'agence pour discuter du prix. Mais les négociations se font la plupart du temps par téléphone. Puis un nouveau rendez-vous est pris à l'agence pour signer un compromis de vente avec le vendeur.

Ce mode de fonctionnement varie fortement d'une agence à l'autre. Il arrive par exemple souvent que le directeur ne fasse plus de visites mais s'occupe d'accompagner la négociation, de la finalisation des ventes (signature du compromis à l'agence ou chez le notaire), des choix publicitaires, et des tâches administratives. En général, le travail est réparti entre les commerciaux par secteur, chacun étant chargé de certaines communes ou arrondissements. Mais d'autres répartitions sont possibles : dans certaines agences chacun s'occupe seul de ses mandats, dans d'autres les agents pourront faire des visites sur un bien entré par un collègue. Il y a là une grande variabilité, mais les commerciaux sont souvent très autonomes dans la gestion de leur temps.

## Les modes de rémunération

Dans une agence, les revenus provenant des commissions sont partagés entre le directeur de l'agence et le commercial qui a fait la vente. Le mode de rémunération dépend notamment du statut des négociateurs. Ils peuvent être payés soit à la commission uniquement (commerciaux indépendants), soit toucher un salaire fixe (rarement beaucoup plus élevé que le SMIC), plus une part variable qui dépend des ventes réalisées. Certaines agences payent également des indemnités de déplacements aux commerciaux. Parfois la part fixe est en fait une avance sur commission, ou bien n'est versée que si les commerciaux ont obtenu un certain nombre de mandats dans le mois – ce qui a pour effet pervers de les pousser à accepter des mandats à n'importe quel prix et dans de mauvaises conditions.

Le partage de commission entre le négociateur et le responsable de l'agence est extrêmement variable d'une agence à l'autre. On peut donner comme point de repère 50 % de la commission pour les commerciaux indépendants, et 15 % pour les salariés bénéficiant d'un fixe. Dans la vente d'une maison à 250 000 euros, rapportant une commission de 12 500 euros (5 %), Alain, le directeur de l'agence, a touché 7 500 euros (60 %) et Philippe, le négociateur, 5 000 euros (40 %). Ces montants sont bruts, il faut en déduire les impôts et les charges sociales. Contrairement à un agent salarié, un agent commercial indépendant doit payer ses cotisations sociales. Sur cet exemple, Philippe perçoit en net 3 000 euros. La commission peut aussi être partagée entre deux commerciaux, si l'un des deux a acquis le mandat et que l'autre a fait la vente. En période de pénurie d'offre, celui qui entre le mandat peut toucher plus que celui qui vend, mais là encore les différences sont très grandes entre agences. Enfin, exceptionnellement, il arrive que l'ensemble des commissions soit partagé de façon plus égalitaire entre les négociateurs de l'agence.

## Parfois plusieurs mois sans rien gagner.

Dans un contexte favorable, un négociateur expérimenté peut espérer toucher 3 000 à 4 000 euros nets par mois. Ce montant est plus faible, voire bien plus faible, pour la plupart des commerciaux, la fourchette serait plutôt entre 2 000 et 3 000 euros nets. Mais il faut savoir que ceux qui débutent mettent plusieurs mois avant de faire leur première vente, et donc d'être rémunérés. Un commercial peut aussi bien faire son mois en très peu de temps que passer plusieurs mois sans rien gagner. C'est un aspect important pour le ressenti du métier dont je parlerai plus loin.

## UN MÉTIER DE PLUS EN PLUS TECHNIQUE

Au-delà de la réglementation de la profession elle-même, le métier est devenu plus complexe depuis la fin des années 1990. Il y a toujours eu une dimension juridique, que les agents immobiliers maîtrisaient plus ou moins bien, mais elle prend aujourd'hui une importance croissante avec l'arrivée de nouvelles normes sur le métrage, le plomb et l'amiante ou encore sur l'efficacité de l'isolation et du chauffage. Les agences sont tenues de fournir aux acheteurs potentiels une série de diagnostics techniques qui sont réalisés par des cabinets d'expertise spécialisés. Les propriétaires ont de plus en plus tendance à anticiper ces exigences mais lorsque ça n'est pas le cas, c'est un handicap pour l'agent immobilier car toutes ces démarches peuvent retarder le moment où il peut donner des informations fiables aux acquéreurs. D'ailleurs, un rapport de la DGCCRF (Direction générale de la Concurrence, de la Consommation et de la Répression des Fraudes) de 2008 pointe un nombre d'irrégularités très important sur ces aspects du métier : les surfaces annoncées, en particulier, sont souvent incorrectes. Cela s'explique par le fait que fréquemment, le négociateur commence les démarches commerciales (petites annonces, visites) avant d'avoir toutes les informations nécessaires, car il a besoin de proposer rapidement des visites pour que le propriétaire lui fasse confiance.

Diagnostic technique réalisé par un cabinet d'expertise spécialisé.

Plus généralement, au-delà des savoirs de base, comme savoir évaluer un bien, le métier nécessite souvent une gamme assez large de connaissances que les agents immobiliers possèdent plus ou moins bien. Selon les cas il peut s'agir de connaissances en matière d'urbanisme (il faudra par exemple vérifier si certains terrains sont constructibles), de fiscalité (savoir par exemple calculer la plus-value, c'est-à-dire évaluer quel impôt doit être payé lorsque le bien est revendu plus cher qu'il n'a été acheté), techniques (sur le bâtiment, l'isolation, les travaux à prévoir, etc.) ou de droit (par exemple savoir, lorsqu'une propriété est divisée entre plusieurs héritiers, si certains peuvent empêcher la vente).

C'est là un des paradoxes du métier : c'est essentiellement un métier commercial, comme l'atteste la rémunération à la commission, mais le conseil donné au client peut prendre une grande importance, alors qu'il n'est pas rémunéré. Beaucoup d'agents voient que les clients « prennent du conseil » chez eux, bénéficient d'une évaluation gratuite mais sans les solliciter pour vendre leur bien. Il est difficile de définir exactement toutes les compétences à acquérir, mais on peut dire qu'elles sont de plus en plus nombreuses. Cela pose la question de la formation, initiale comme continue.

## LA FORMATION

### La formation initiale en écoles

Pour les plus jeunes, les cursus préparent au métier de négociateur immobilier, c'est-à-dire de collaborateur dans une agence. Des BTS Professions immobilières, accessibles avec un niveau bac, existent dans toute la France et se sont multipliés depuis une vingtaine d'années : ils sont plus d'une centaine d'après l'ONISEP. Les programmes portent sur les savoirs à acquérir dans ce métier (droit immobilier notamment), des langues et de l'informatique. Ils mettent aussi beaucoup l'accent sur les techniques de vente, à partir de mises en situation et de jeux de rôles où par exemple les élèves incarnent tour à tour le vendeur, l'acheteur, le locataire et l'agent immobilier. Il s'agit souvent de formation en alternance : les stages en agence tiennent une place importante.

Parallèlement, il existe des formations plus techniques et/ou administratives pour s'orienter vers la gestion locative ou le syndic de copropriété : le BTS Professions immobilières est le diplôme le plus courant mais il existe des niveaux plus élevés : bac + 3 (licence professionnelle, en transaction et gestion immobilières) ou bac + 5 (master, comme par exemple le master de management de l'immobilier de l'université Paris Dauphine), avec des contenus moins commerciaux et plus approfondis (montage de financement, opération de promotion immobilière, etc.). Ces formations permettent de devenir agent immobilier mais orientent plus vers d'autres métiers comme celui de promoteur. Aujourd'hui, la très grande majorité des jeunes qui entrent dans le métier ont une formation, au moins un BTS, mais parmi les agents immobiliers en exercice, beaucoup n'ont suivi aucune formation spécialisée.

## Apprendre sur le tas ou en formation continue

C'est souvent le cas des professionnels plus âgés, notamment de ceux qui entrent dans la profession à la suite d'une reconversion. Ceux qui commencent comme collaborateurs dans une agence (négociateur) apprennent sur le tas. Ceux qui ouvrent une agence bénéficient parfois de formations dispensées par les organisations professionnelles comme la FNAIM (Fédération nationale de l'immobilier) ou l'UNIS (Union des syndicats de l'immobilier), ou encore des formations proposées par les réseaux commerciaux, destinées uniquement aux personnes qui souhaitent ensuite intégrer le réseau. Ces dernières sont parfois très courtes (quelques jours de formation suivis de deux ou trois semaines dans une agence du réseau), les agents leur reprochent régulièrement d'être bien trop courtes.

Les organisations professionnelles organisent des formations continues pour les responsables d'agence sur des thèmes spécifiques, par exemple lorsqu'une nouvelle loi ou un nouveau dispositif fiscal sont votés. Les réseaux mettent également en place ce type de formation, où interviennent notamment les meilleurs vendeurs reconvertis en formateurs, ainsi que des séminaires destinés à faire se rencontrer le personnel des agences franchisées de différentes communes, voire différentes régions, et ainsi favoriser un esprit de réseau.

Pour les jeunes qui souhaitent devenir agent immobilier, le BTS Professions immobilières est la voie la plus indiquée.

Entretien d'embauche avec la responsable d'agence.

# Comment débuter dans le métier ?

## APRÈS UNE FORMATION INITIALE EN ÉCOLE

### L'entrée sur le marché des jeunes diplômés

Annie, responsable d'un organisme de formation qui délivre un certificat de qualification professionnelle (CQP) Transaction immobilière, estime que les jeunes qui ont un BTS ou un CQP Professions immobilières trouvent assez facilement une agence pour réaliser leur stage et effectuer leur première expérience professionnelle. Beaucoup d'agences sont ouvertes à ces jeunes arrivants. L'exemple de l'agence Immo Plus décrite au chapitre précédent le confirme : Christophe obtient un stage à 18 ans alors qu'il n'a qu'un bac technique (il est vrai qu'il est dans la même classe que l'un des enfants du directeur de l'agence) et Salima est embauchée avec un BTS de vente sans spécialisation dans l'immobilier. À eux ensuite de faire leurs preuves car, malgré l'importance de la formation, l'essentiel s'apprend sur le tas. Il y a des compétences juridiques, commerciales et techniques à maîtriser, qui s'enseignent, mais le rapport au client ne se teste vraiment que sur le terrain, bien plus que dans les jeux de rôles organisés lors de ces formations. Les organismes de formation peuvent être en lien avec des agences qui prennent régulièrement des stagiaires, mais souvent ils encouragent aussi leurs étudiants à aller frapper directement aux portes des agences pour trouver une place.

## Des emplois parfois accessibles aux personnes d'âge mûr, même sans expérience.

Quelques agences sont réticentes à accueillir des jeunes : ce n'est pas leur manque d'expérience qu'elles redoutent, mais le décalage d'âge avec les clients acheteurs. Une commerciale explique : *Pour exercer ce métier, il faut pénétrer l'intimité des gens, qui sont souvent en couple, avec des enfants, « entrer dans leur salon ». Donc il faut avoir déjà un peu vécu pour pouvoir se projeter dans leurs préoccupations, comprendre leur organisation quotidienne. Même si un jeune parvient à bien cerner ses clients, il n'a ni la crédibilité, ni l'empathie suffisantes pour parler avec des clients bien plus âgés des questions domestiques, comme les trajets, la garde des enfants, bref tout ce qui fait l'épaisseur de la vie quotidienne et qui émerge systématiquement dans la recherche d'un logement.* Ce point de vue n'est pas partagé par l'ensemble des agents immobiliers, mais il explique pourquoi un certain nombre d'agences embauche plutôt des personnes d'âge mûr, même sans expérience.

### Les motivations

Quelles sont les motivations des jeunes qui se lancent dans l'immobilier ? Beaucoup de formateurs répondent en premier lieu : l'argent. *Ils ont l'impression qu'ils vont gagner beaucoup d'argent sans trop se fatiguer et en plus voir de belles maisons,* dit Annie à propos de ses étudiants. L'amour des vieilles pierres est assez marginal dans leur choix et ne vient que comme un bonus. Il ne faut d'ailleurs pas croire que s'intéresser à l'architecture, au design ou encore aux belles demeures soit une motivation suffisante pour se lancer dans le métier : même si un agent immobilier voit toutes sortes de logements et de bâtiments, il a le plus souvent affaire aux biens les plus standards, dans les grandes copropriétés en ville ou dans les maisons en lotissement.

L'idée que l'immobilier permet de gagner sa vie convenablement, voire très bien, et relativement facilement, a été fortement alimentée par la hausse des prix et par l'idée que la commission d'une seule vente dépasse largement un mois de salaire : il est vrai qu'un agent touche 10 000 euros pour une commission de 5 % sur une vente 200 000 euros, mais il s'agit de 10 000 euros bruts, et non nets, dont il faut encore retrancher la part versée au directeur d'agence. On peut donner comme indication un revenu de 2 500 euros nets par mois. Mais ce chiffre n'est qu'une moyenne, qui cache de grosses disparités : le revenu n'est pas le même selon que l'on est négociateur ou directeur d'agence, et varie aussi selon les régions, la conjoncture économique et les performances de chacun. Les formateurs s'attachent d'ailleurs à démythifier la profession en tenant le discours qu'elle peut être rémunératrice, voire très rémunératrice, mais qu'elle n'est jamais facile, chaque vente demandant des efforts et du temps.

Les étudiants sont en général assez peu sensibles à la mauvaise image dont pâtit la profession. Ils peuvent même la partager et penser du mal de ce milieu tout en y trouvant un attrait pour eux-mêmes et leur projet professionnel, comme Maxime qui, à 18 ans, veut s'orienter vers un BTS Professions immobilières pour *travailler vite* sans *s'éterniser dans les études, avoir sa chance parce que dans le commerce on peut monter très haut avec son mérite* tout en trouvant que *c'est sympa de passer ses journées à visiter des maisons.*

Il ne faut malgré tout pas croire que seul « l'appât du gain » motive les étudiants des filières immobilières. Ils voient dans l'immobilier une profession accessible, alors qu'ils se sentent parfois coincés entre d'un côté des filières courtes débouchant sur des métiers mal payés et/ou rébarbatifs et de l'autre des études longues, difficiles, qu'il faut financer et dont les débouchés leur paraissent aléatoires. Ils sont également attirés par le fait qu'il est possible de faire carrière dans l'immobilier et que la réussite dépend du mérite personnel, de l'effort et de la motivation, sans être freinée par le niveau de diplôme, alors qu'ils se représentent les carrières dans d'autres secteurs et d'autres types d'entreprises comme plus fermées.

« *C'est sympa de passer ses journées à visiter des maisons* ». Un étudiant.

Cela va aussi avec un certain individualisme. Impatients de travailler, peu désireux de prolonger leurs études (mais pas nécessairement en difficulté scolaire pour autant), les étudiants en vente et gestion immobilières ont tendance à idéaliser les bons côtés du métier : le revenu, l'autonomie et le contact humain. Pour ceux qui sont d'origine modeste, c'est aussi une opportunité de connaître une certaine ascension sociale : ils gagnent plus que des salariés ayant le même niveau de diplôme, et ils apprennent à être à l'aise avec des clients plus fortunés qu'eux ou que les membres de leur milieu d'origine, et voient des maisons plus cossues que celles qu'ils ont connues dans leur enfance. Ces bons côtés existent, ils ne sont pas de purs fantasmes, mais souvent les premières expériences au travail sont en décalage avec cette image. Par exemple, les directeurs d'agence et les négociateurs en place se déchargent généralement sur les nouveaux du travail le moins intéressant, en particulier le dépouillement des petites annonces et l'appel « à la chaîne » de clients potentiels.

## DEVENIR AGENT IMMOBILIER EN COURS DE VIE ACTIVE

### Devenir négociateur

Même si de plus en plus d'agents immobiliers ont suivi une formation spécifique, il en reste une grande partie qui provient des horizons les plus divers et qui a choisi d'exercer cette profession pour un temps plus ou moins long. Leurs motivations sont assez proches de celles des étudiants (voir ci-dessus). Mais elles dépendent aussi des contraintes et des opportunités qu'ils ont rencontrées dans leurs emplois précédents. Devenir agent immobilier peut par exemple représenter une porte de sortie pour des gens qui pensaient ne pas pouvoir évoluer dans leur travail. Philippe, négociateur à l'agence Immo Plus, était auparavant salarié d'une banque (où il est d'ailleurs resté presque un an à mi-temps avant de devenir agent immobilier à temps plein) :

*Je ne gagnais pas mal ma vie, mais je ne voulais pas être envoyé en Auvergne, avec ma femme qui travaille sur Lyon. Et chez Immo Plus, je ressens beaucoup moins la pression de la hiérarchie, des objectifs. La pression c'est moi qui me la mets, mais c'est sûr que je ressens plus de liberté.*

De la même façon, pour ceux qui sortent d'un licenciement, connaissent des difficultés dans leur emploi, ou encore souhaitent se reconvertir totalement, ce métier offre un débouché possible. C'est aussi un moyen de travailler dans une zone géographique où l'on ne trouve pas d'autre travail, pour rester dans une région donnée, pour travailler à proximité de son domicile ou encore après avoir suivi son conjoint. Ce dernier point est l'une des raisons pour lesquelles on compte beaucoup de femmes parmi les commerciaux et les négociateurs : elles sont majoritaires dans la profession, comme dans la plupart des professions commerciales, alors que les patrons d'agence sont surtout des hommes.

## Des hommes plutôt patrons d'agence, des femmes plutôt commerciales.

Il n'y a pas de barrière légale ou de diplôme pour exercer le métier de négociateur immobilier et les patrons d'agence ne prennent qu'un risque limité à donner leur chance à des gens très divers. En effet, dans la mesure où la rémunération ne dépend que des ventes, le directeur d'agence ne perd pas d'argent même si le nouvel employé n'a pas de résultats satisfaisants. Souvent, il peut même trouver intéressant de donner leur chance à des gens ayant des parcours et des caractères différents, pour tester et voir ce qui fonctionne. Enfin, comme dans la plupart des métiers commerciaux, les collaborateurs d'agence tournent souvent et ne restent que quelques années, voire quelques mois. Les motifs sont nombreux et variés : la lassitude d'un secteur géographique donné, l'envie de saisir une opportunité ou de changer d'ambiance de travail, le désir de s'installer à son compte sont autant de raisons de changer d'agence, et parfois même de domaine. Le patron d'agence est donc constamment amené à remplacer des départs et l'effectif des agences est assez mouvant.

Beaucoup de gens peuvent donc avoir leur chance, mais tous ne feront pas carrière dans ce métier. Les premiers temps sont particulièrement difficiles. Celui qui débute peut attendre plusieurs mois avant de réaliser sa première affaire, d'une part parce qu'il faut apprendre le métier sur le tas et d'autre part parce qu'il faut un certain temps pour collecter plusieurs affaires, plusieurs mandats, avant d'espérer aboutir à une vente. Au sein de l'agence Immo Plus, Salima a mis sept mois avant de conclure une vente. Pendant ce temps, elle a habité alternativement chez ses parents et chez son petit ami, vivant de l'argent qu'ils lui donnaient et de quelques économies tirées de ses jobs d'été. Philippe, quant à lui, a conservé son emploi salarié à mi-temps pendant environ un an avant de franchir vraiment le cap et de devenir négociateur à temps plein. À cette phase d'entrée dans le métier, il faut aussi ajouter, pour certains, la période de formation, pendant laquelle le nouvel agent immobilier est également sans revenus. Mais beaucoup se passent de formation et commencent directement à travailler dans une agence. C'est justement le fait de pouvoir débuter rapidement qui attire des candidats variés. Ils tentent souvent de conserver une source de revenu pour les premiers temps, par exemple en ne se déclarant pas pour conserver leur allocation chômage, en conservant provisoirement un temps partiel, ou en comptant sur un conjoint ou de la famille.

## Sept mois avant de conclure sa première vente.

Certains deviennent agent immobilier par le plus grand des hasards : ils n'avaient pas choisi cette branche, ne recherchaient pas activement du travail. C'est une rencontre avec un autre agent immobilier qui les décide à sauter le pas. Se connaître au préalable aide bien sûr à être en confiance. Ainsi, Philippe a été un des voisins d'Alain, directeur de l'agence Immo Plus. De la même façon, une directrice d'agence raconte avoir « flashé » sur une vendeuse en allant acheter un canapé : en voyant l'aisance, le contact de cette vendeuse avec les clients, elle lui propose de venir travailler à l'essai dans son agence. La vendeuse accepte, d'abord comme activité d'appoint, puis y consacre de plus en plus de temps, jusqu'à quitter son emploi précédent. Cette même directrice d'agence avait aussi engagé, une dizaine d'années auparavant, l'un de ses clients avec qui le contact était très bien passé.

Dans de telles rencontres, l'aspect humain est primordial. Certains patrons d'agence embaucheront de préférence un candidat qui aura approximativement le même âge, les mêmes goûts, et proviendra du même milieu social qu'eux. D'autres misent au contraire sur la différence en pensant, par exemple, que quelqu'un de plus jeune qu'eux saura mieux se débrouiller dans un quartier où s'installent beaucoup de jeunes couples. Toujours à l'agence Immo Plus, Alain pensait que Salima aurait plus de succès que lui dans les banlieues défavorisées comme Vaulx-en-Velin (et elle-même y comptait également), dans lesquelles lui-même répugne à aller mais où il y a beaucoup de ventes. C'est une des raisons qui l'a incité à l'embaucher. Le résultat n'a pas été flagrant mais cela montre bien comment, parfois sur la base de stéréotypes, les directeurs d'agence peuvent recruter des commerciaux qui ne sont pas nécessairement proches d'eux socialement.

Dans ce secteur, la démarche directe, qui consiste à solliciter directement une agence pour trouver une place, peut tout à fait aboutir. Les directeurs d'agence l'apprécient généralement : elle montre une certaine audace de la part des candidats, renseigne sur leur façon de se présenter et de se vendre, toutes qualités essentielles dans le métier.

Les agents immobiliers proviennent d'horizons divers : on y trouve aussi bien d'anciens cadres de banque que d'anciens gendarmes, designers, pilotes de ligne, instituteurs... Un inventaire à la Prévert. Évidemment, les métiers offrant une certaine parenté avec celui d'agent immobilier sont plus représentés. Ceux qui changent de métier pour devenir agent immobilier exerçaient surtout auparavant d'autres professions liées au logement et à la construction (promoteurs, etc.) où ils avaient un emploi de bureau, ou d'autres professions commerciales (allant de vendeur en magasin à commercial d'entreprise). D'autres travaillaient dans le marketing, dans la banque, ou bien encore, dans une moindre mesure, étaient employés dans des études notariales. D'autres domaines sont pratiquement absents, mais pas totalement, comme la fonction publique ou les professions d'ingénieur. Le domaine professionnel d'origine ne conditionne pas la façon d'exercer le métier, mais il donne souvent une certaine sensibilité. Par exemple, un négociateur de Bordeaux, ancien comptable, raconte qu'il a commencé dans le métier en étant très attentif aux plans de financement, aux conditions de crédit, etc. et qu'il a dû faire un véritable effort pour développer des qualités plus commerciales.

## Devenir directeur d'agence

Dans certains cas, le choix de devenir agent immobilier peut être une réponse aux circonstances du moment plus qu'un véritable plan d'avenir. Par contre, créer son agence ou racheter une agence existante s'inscrit dans le cadre de projets à long terme. Cela nécessite un investissement important, qui suppose d'avoir des capitaux de départ et la possibilité de souscrire un emprunt. Monter son agence, cela signifie devenir chef d'entreprise, avec tout ce que cela suppose de risque financier et d'investissement personnel en temps et en énergie. Cela nécessite aussi des compétences en matière de gestion ainsi qu'une capacité à manager ses collaborateurs, même si les équipes sont assez petites. Dans les petites agences, les directeurs continuent leur activité d'agent immobilier (visites, etc.). Mais quand l'agence s'agrandit, ils passent plus de temps à s'occuper de l'agence et à superviser les négociateurs. Ils ne rencontrent alors plus les clients qu'au moment du compromis de vente.

Petite agence indépendante en centre-ville : un directeur, un salarié.

Au début des années 2000, la période faste de l'immobilier a poussé les banques à accorder relativement facilement des prêts pour la création d'agences, mais c'est moins le cas dans la phase de ralentissement que nous connaissons.

Les motivations des directeurs d'agence sont assez proches de celles énoncées jusqu'ici : le caractère rémunérateur de l'immobilier, le désir d'autonomie, et, sur un mode mineur, l'intérêt pour les biens et les immeubles. Ils sont d'ailleurs plus souvent intéressés par l'aspect financier et par la gestion de patrimoine – c'est-à-dire la façon de faire fructifier des investissements immobiliers – que par la dimension architecturale ou historique. Il arrive souvent que les directeurs d'agence achètent pour leur compte un ou plusieurs biens, qu'ils revendent ou mettent en location. Leur objectif est d'accroître leur capital, en tirant parti des dispositions fiscales ou des opportunités de plus-value. Ainsi, Stéphane, jeune directeur d'agence, achète en commun avec un ami un petit appartement qu'ils mettent en location : les loyers servent à rembourser le prêt. Ils le revendent quelques années après pour en racheter un plus important, et espèrent ainsi constituer progressivement un patrimoine important. La connaissance du marché qu'ils acquièrent dans leur activité leur permet de réaliser de telles opérations, le plus souvent à petite échelle : grâce à leur métier, ils sont toujours à l'affût d'une bonne affaire, connaissent bien les prix et sont capables de négocier avec le vendeur.

Surtout, ils sont motivés par le fait de créer une entreprise, de quitter le salariat et devenir leur propre patron. Leur esprit d'entreprise aurait pu s'appliquer à un autre secteur. Mais le fait qu'ouvrir une agence soit accessible, tout en ne nécessitant qu'un investissement limité, et que l'immobilier soit un secteur porteur depuis une quinzaine d'années, ont été des facteurs qui ont favorisé de nombreuses créations d'agences.

## Peu d'anciens agents immobiliers parmi les créateurs d'agences.

Contrairement à ce que l'on peut penser, les créateurs d'agences immobilières ne sont pas majoritairement d'anciens agents immobiliers. Ces derniers ne représentent qu'environ un tiers des créateurs d'agence. Lorsque d'anciens négociateurs immobiliers montent une agence, c'est souvent assez jeunes, et en général ils n'étaient devenus négociateurs que pour mieux pouvoir ensuite créer leur agence. On ne peut pas vraiment dire que lancer une agence indépendante représente pour les commerciaux une étape habituelle dans leur carrière.

En général, les créateurs d'agence sont d'anciens salariés de plus de 40 ans, souvent avec un statut de cadre, issus de la banque, de la vente et du marketing, essentiellement des hommes. Ceux qui choisissent de rejoindre un réseau commercial, en franchise ou autre, se voient pour ainsi dire proposer une agence clé en main et bénéficient des formations internes du réseau (parfois très courtes : quinze jours d'observation dans une agence du réseau). Ils y trouvent un appui pour monter leur agence (ceux qui sont opposés aux réseaux parlent plutôt de formatage). Il faut dire qu'il y a un certain antagonisme entre les agences indépendantes et celles appartenant à un réseau commercial. Le directeur d'une agence indépendante parle ainsi des franchisés : *Ce ne sont pas des agents immobiliers. Ce sont des gens qui ont un peu d'argent et on leur dit : vous prenez une franchise Banette, Casino ou Century 21. Pour eux c'est pareil, et ils se ramassent pareil dans tous les cas.* À l'inverse, ce responsable d'agence en franchise : *Aujourd'hui, on ne peut pas faire tout seul. Ceux qui restent tout seuls, ils se cassent la gueule. Ils ont vocation à disparaître.* Il ne s'agit pas de dire que l'un ou l'autre a tort ou raison, mais on voit bien qu'il y a des philosophies différentes du métier, et une plus ou moins grande envie d'indépendance. Certains ne trouvent pas de réseau pour les accompagner ou préfèrent aller au bout de l'idée d'indépendance, tout en refusant de verser une part de leur chiffre d'affaires à un réseau commercial.

Alain, de l'agence Immo Plus, est assez représentatif. Cadre pendant une quinzaine d'années dans le service marketing d'un groupe agroalimentaire, il a toujours eu un certain intérêt pour l'immobilier : il achetait des maisons pour les revendre à un prix plus élevé quelques années après, parfois après rénovation. C'est de cette façon qu'il a observé les pratiques des agences immobilières, comme client. À près de cinquante ans, il a décidé de monter son agence pour devenir chef d'entreprise et augmenter ses revenus. Après une minutieuse étude de marché, il choisit de se localiser en banlieue lyonnaise où la concurrence est moins rude, et de racheter une agence qui bénéficiait déjà d'une petite notoriété. Il n'a suivi aucune formation spécifique. D'après lui, *même s'il y a quelques aspects juridiques à connaître, c'est la même chose de vendre des yaourts ou des maisons. C'est les mêmes méthodes.*

Assez typique, ce profil est loin d'être unique. Des créateurs d'agence peuvent être plus jeunes. Ainsi, Louis et Julien fondent leur agence dans le 6e arrondissement de Paris alors qu'ils ont chacun la trentaine et pas de mise de fonds. Louis rencontre aux cours du soir un directeur d'agence qui l'embauche dans son agence. Il accepte, avec l'idée de trouver un jour quelqu'un avec qui s'associer pour monter sa propre agence. S'entendant bien avec un négociateur qui travaillait déjà dans l'agence, Julien, il lui propose de tenter l'aventure et tous deux obtiennent un prêt pour lancer une petite structure où ils n'emploient, au début, pas de collaborateur. Lorsque leur activité commence à être assurée, ils embauchent un négociateur qui assure la partie la plus routinière et chronophage du travail (le dépouillement d'annonces).

La recherche d'affaires, préalable à toute vente, se fait beaucoup sur Internet.

# Le travail quotidien de l'agent immobilier

Pour se faire une idée du quotidien des agents immobiliers, on peut prendre comme point de départ cette conversation, à laquelle j'ai assisté, et qui est assez typique. Elle se déroule dans une petite agence, en présence de deux négociateurs (Pascal et Cédric), en début de soirée :

Pascal : *Qu'est-ce que tu en penses, je rappelle la dame tout de suite ? Je lui dis OK pour 357 000 euros ?*

Cédric (à mon intention) : *Là, on a un grand débat Pascal et moi, parce qu'on a une offre d'un acheteur pour une maison, et on sait à peu près jusqu'où le vendeur peut aller au niveau prix. Donc la question qu'on se pose, c'est : est-ce qu'on demande un peu plus cher à l'acheteur, donc à cette dame, au risque que la vente nous passe entre les doigts, qu'on la perde ?*

Pascal : *Je résume depuis le début : les vendeurs sont des amis, des parents d'amis à moi. Ils nous ont confié leur maison. En contrepartie, moi je me suis engagé – mais c'est moi qui leur ai proposé, ils n'en ont pas fait la demande – à leur faire une remise sur les honoraires. Je n'avais pas particulièrement à le faire, mais c'était sympa, pour qu'ils nous fassent confiance d'une part, et puis ce qui est important pour nous aujourd'hui, c'est le produit... Là c'est eux qui nous apportent un produit, donc je leur ai dit que je ferai passer les honoraires de 5 % à 3 %. Le but, c'est aussi de leur laisser un prix net vendeur plus important... Sur le prix de départ, ça leur faisait un prix net vendeur de 346 200 euros. Là on a cet acheteur qui est OK pour 357 000 euros. Si je baisse mes honoraires à trois pour cent, ça laisse... 357 000 euros moins 3 % ça laisse au vendeur... 345 900 ! Donc la vente elle est faite ! Seulement c'est dommage, parce que j'avais envie de leur laisser un net vendeur un peu plus important...*

Cédric : *Pascal est très joueur. D'ailleurs, ça peut lui arriver de se casser la figure. Alors que moi je suis très prudent parce que chaque vente est super-importante.*

Pascal : *De toute façon, si j'étais certain de perdre la vente en essayant de demander plus cher au vendeur, il est évident que je dirais OK pour 357 000 euros, on est bien d'accord. Mais...*

Cédric : *Imagine que dans deux minutes la dame nous dise : « Finalement je n'ai pas encore bien réfléchi, etc. ». C'est des gens qui sont un peu frileux aussi, ils sont venus trois fois...*

*Là je suis en train d'argumenter pour qu'il abaisse le prix* (rires).

Le téléphone sonne.

Pascal : *Tiens, là, c'est elle qui me rappelle.*

Pascal se met à l'écart pour répondre au téléphone. Il revient une minute plus tard, exultant : *OK, c'est bon, je peux me l'acheter la Kangoo ! Et toi* [à Cédric] *tu me dois un resto !*

Il revient s'asseoir :

Pascal : *J'ai quand même baissé l'honoraire de 40 % par rapport à ce qui se pratique normalement. J'ai utilisé ça pour la convaincre. Mais de fait, j'ai remonté le prix à 359 000, ça passe pour elle, je suis presque sûr que je peux monter encore un petit peu plus. Et ce qui est sûr, c'est que je pouvais gagner aussi un petit peu sur les vendeurs. Donc je pourrais faire passer une offre en faisant des honoraires normaux. Bon, résumons. Elle, elle paye un petit peu moins cher. 359 000 au lieu des 362 000 prévus au départ, ça ne change rien pour nous, mais elle, elle a gagné 3 000, ou 4 000 parce que j'ai baissé l'honoraire, et le vendeur, ben les vendeurs vont gagner 6 000 euros*[1] *parce que je sais que de toute façon, jusqu'à 342 000 nets ils ne se posaient pas la question, ils acceptaient. Je vais les appeler tout de suite.*

Cédric : *Ils peuvent encore nous dire : « L'agence Untel a fait une autre proposition et on a vendu ! » Ça nous est déjà arrivé. Mais là, je pense qu'on arrêterait direct notre métier !* (Rires)

## « La négociation c'est un peu… C'est un usage. »

Pascal se met à nouveau à l'écart pour prévenir les vendeurs.

Pascal : *En fait, il n'y a pas eu de négociation, quoi. Parce que les acquéreurs, c'est des gens… Ils sont faciles. Quelque part, je savais que la vente se ferait sur la première proposition qu'ils feraient. J'ai fait remonter un peu pour le jeu mais en sachant que j'y arriverai de toute façon. On leur avait annoncé 365 000 et ils achètent 359 000, ça fait quand même 6 000 euros. C'est assez faible.*

Cédric : *C'est un prix qui a évolué aussi.*

Pascal : *Oui, c'était une maison qui était mise en vente à 387 000 euros il y a deux mois. Là, il a fallu faire un travail sur le vendeur, des comptes rendus. Lui dire : le marché, c'est le*

**1** À 359 000 euros, la commission (à 3%) est de 11 000 euros, ce qui laisse un net vendeur de 348 000 euros. Le calcul des gains de chacun selon Pascal n'est pas inintéressant : il compte le surplus du vendeur (342 000 étant le prix de réserve) et le gain de l'acheteur par rapport au prix d'affichage (avec une légère erreur, ce prix étant de 365 000 et non 362 000 comme il l'annonce au début).

Vendre un produit qui, pour l'acheteur, représente la dépense la plus importante de sa vie.

*marché, s'il n'y a pas de retour c'est que c'est trop cher. Il y avait trois agences qui la vendaient. Donc on a dit au vendeur OK, on baisse le prix à 365 000, mais par contre après on ne bouge plus. C'est vrai qu'après le vendeur m'a dit qu'on pouvait encore baisser si besoin de 5-6 000 euros.*

Cédric : *On parlait tout à l'heure de la confiance. Et en fait, les vendeurs, tu les connaissais, les acquéreurs, finalement, tu les as vus trois fois.*

Pascal : *J'ai passé beaucoup de temps avec eux et j'étais rassuré sur eux.*

Cédric : *Tu as vu beaucoup de points avec eux.*

Pascal : *Ce qui compte finalement c'est le produit. Ils n'ont pas acheté le produit parce que je leur ai vendu. Je pense qu'il y a une vraie relation de confiance qui s'est mise en place malgré tout, qu'ils m'ont fait confiance sur les petites objections qu'ils pouvaient avoir. Et je ne me suis pas foutu de leur gueule non plus. La négociation c'est un peu... C'est un usage.*

Cette conversation fournit un résumé du travail des agents immobiliers. Nous allons maintenant entrer dans le détail de ses différents aspects.

## TROUVER DES AFFAIRES

### Une activité routinière, la pige

Pour mener à bien son activité, l'agent immobilier doit disposer d'un stock suffisamment large et varié d'affaires à proposer aux futurs acheteurs. Dans l'idéal, il faut à la fois un grand nombre de mandats et des biens variés pour répondre aux différentes demandes, pouvoir proposer quelque chose de différent lorsqu'un logement ne plaît pas à l'acheteur potentiel, et ne pas dépendre de quelques mandats seulement, en sachant que le vendeur essaye de vendre de son côté et que d'autres agences peuvent également emporter le morceau. Pour donner un ordre d'idée – même si c'est très variable – une agence de trois à quatre personnes doit toujours avoir entre 40 et 60 mandats, soit un peu plus d'une dizaine par négociateur. Sur cette grosse dizaine, le négociateur vendra en définitive de un à trois biens. Le « stock » est nettement plus important que le nombre d'affaires conclues au final.

Pige, contacts, négociations... L'agent immobilier passe beaucoup de temps au téléphone.

Constituer ce stock d'affaires, engranger des mandats, est un préalable à toute vente. Il existe de nombreuses façons d'y parvenir, sur lesquelles nous allons revenir, mais peu d'agences peuvent se passer de la pige, c'est-à-dire du dépouillement des annonces immobilières des particuliers. Internet facilite ce travail puisque l'on peut s'abonner à des services qui informent de toute nouvelle annonce mise en ligne, ce qui permet de joindre ensuite directement le propriétaire. Mais il faut aussi passer du temps à parcourir la presse papier (presse locale, journaux de petites annonces) pour traquer les annonces qui entrent dans le secteur de l'agence et qui ne sont pas déjà publiées par d'autres agences. L'étape suivante consiste à appeler les vendeurs pour obtenir des informations sur leur bien (les annonces sont assez lacunaires en France) et obtenir un rendez-vous, dans l'objectif de faire signer un mandat au vendeur. Notons que c'est souvent en dépouillant les annonces, quoique pas exclusivement, que les agents immobiliers s'informent sur les prix : à force d'être constamment plongés dans les petites annonces, et de voir autour d'eux à combien se font les ventes, ils s'imprègnent des prix du marché et s'en servent de base pour leurs estimations.

Ce travail est long et fastidieux, souvent ingrat. L'agent immobilier est souvent mal reçu lorsqu'il appelle le vendeur au téléphone. Beaucoup sont réticents, d'une part parce qu'ils préfèrent essayer d'abord de vendre en direct (sans passer par une agence) pour s'épargner les frais, et d'autre part parce que, chaque agence faisant la même recherche, elles sont très nombreuses à appeler. Tous ceux qui ont essayé de vendre un bien se sont aperçus que les premiers à répondre à leur annonce étaient des agences. Cette tension est d'autant plus forte que depuis le début des années 2000, le nombre de ventes a plutôt tendance à diminuer. Il y a donc beaucoup de refus et d'agacement chez les vendeurs, ou encore des vendeurs qui acceptent mais qui ont déjà donné plusieurs mandats à d'autres agences : il y a souvent trois agences, parfois jusqu'à six ou sept pour vendre un même logement. Cela complique évidemment le travail, puisque les agences peuvent avoir des estimations différentes, donc mettre le même bien en vente à des prix différents, faire des démarches qui se chevauchent (par exemple faire visiter chacune le même logement au même acheteur, publier des petites annonces sur le même support mais avec des prix différents, etc.). *Il n'y a rien de pire que d'arriver dans un appartement et celui qui vient visiter vous dit « Ah mais je le connais celui-là, je l'ai visité la semaine dernière »*, confie une négociatrice. De la même façon, quand deux agences ont déjà fait des évaluations à des prix différents, le troisième agent sollicité n'est plus très crédible pour proposer à son tour un troisième prix différent.

Même si cette partie du travail n'est pas aussi rébarbative que dans les centres d'appel et dans le télémarketing, elle s'y apparente parfois et peut être éprouvante, notamment pour ceux qui débutent, qu'ils soient commerciaux, avec un revenu qui dépend du nombre de mandats obtenus, ou fondateurs d'agences, pour qui la survie de l'agence nécessite d'accumuler des mandats. Cette activité n'est tout de même pas aussi standardisée que dans ces centres d'appels où chaque phrase est pré-écrite et chaque réponse prédéfinie : les agents immobiliers ont aussi des argumentaires et des techniques, mais ils les appliquent de façon plus souple et les adaptent à la personne contactée.

## Des arguments vrais, enjolivés, voire inventés...

À l'agence Immo Plus, le commercial qui appelle commence par demander des informations sur le bien avant de dire qu'il est agent immobilier et de proposer les services de l'agence. Christophe, le stagiaire, tente parfois une astuce : il se présente comme particulier et, au cours de la conversation, indique qu'il a lui-même vendu son appartement en passant par l'agence Immo Plus. Il en dresse un portrait élogieux : efficacité, rapidité, professionnalisme, etc. Presque à chaque fois, le vendeur rappelle directement l'agence. Pour autant, Christophe n'utilise pas cette méthode systématiquement mais très occasionnellement, pour briser un peu la routine et voir, toujours avec amusement, si « ça marche ». Le plus souvent, les commerciaux d'Immo Plus vantent le fait qu'ils sont l'agence du quartier, et donc qu'ils connaissent mieux les prix, les acheteurs, les types de biens que les autres agences, souvent installées dans le centre-ville de Lyon.

Chaque négociateur essaye ainsi de trouver l'argument qui convaincra : la proximité, la taille du réseau commercial, le fait qu'il ou elle a récemment vendu un bien dans le secteur, ou bien qu'il ou elle a dans ses fichiers un client très intéressé, prêt à signer très vite... Tous ces arguments peuvent être vrais, enjolivés, voire inventés. L'agent immobilier essaye de prolonger la conversation, à la fois pour s'informer sur le bien et pour tester différents arguments, jusqu'à ce que l'un d'entre eux fasse mouche. Certains se montrent insistants, percevant comme un échec le fait de raccrocher sans avoir obtenu un rendez-vous, d'autres sont plus fatalistes et se disent que ce type de démarche comporte inévitablement son lot de refus, parfois secs et impolis.

## Bien appréhender les attentes et les contraintes du vendeur.

Les conditions de la pige sont telles que beaucoup d'agents acceptent le rendez-vous et le mandat dans de mauvaises conditions : il y a souvent plusieurs agences déjà « sur le coup », peu de marge de manœuvre pour discuter avec le vendeur, en particulier pour le raisonner sur le prix. Beaucoup prennent le mandat au prix demandé par le vendeur, en estimant qu'il le révisera à la baisse quand il verra qu'il n'y pas d'acheteur intéressé. Certains agents considèrent la concurrence des autres agences comme stimulante, ou en tout cas tiennent ce discours au vendeur. Ils y voient une pression pour lancer rapidement les démarches : commencer les visites, relancer des acheteurs, diffuser les annonces.

Il arrive que les conditions de la prise de mandat soient si mauvaises qu'il est plus difficile de se motiver : trop d'agences, un prix très éloigné du marché, un vendeur opportuniste et peu pressé de vendre, ou encore un bien très atypique ou en mauvais état. Tous ces aspects peuvent décourager l'agent. Il y a pourtant beaucoup à faire au moment de la prise de mandat : vérifier tous les documents et diagnostics nécessaires (métrage Carrez, diagnostics plomb, amiante, carnet de la copropriété, etc.) qui sont à la charge du vendeur mais qui ne sont pas toujours faits au moment de la rencontre, estimer la valeur du bien, noter ses caractéristiques et, souvent, en prendre des photos.

Mais il faut aussi bien appréhender les attentes et les contraintes du vendeur : son délai, sa situation et son projet (si la vente fait suite à une séparation, une mutation, un projet familial, etc.) et les démarches qu'il a déjà réalisées pour vendre son bien. Il faut bien connaître le produit pour pouvoir répondre aux questions des futurs acheteurs sur les dépenses énergétiques, celles liées à la copropriété, les travaux à prévoir, l'isolation, le voisinage et le quartier, mais aussi pour savoir faire ressortir ses points forts et parer les reproches sur ses défauts. Les agences ont ici des pratiques différentes. Une agence du centre de Lyon, dont le fondateur a travaillé dans le bâtiment, réalise ainsi une étude très détaillée des aspects physiques du bien : matériaux, possibilité de travaux (en orientant vers des entrepreneurs qui réalisent des devis), etc. D'autres, comme Immo Plus, n'hésitent pas à se contenter d'une entrevue de quelques minutes où l'on se contente de fixer le prix et de signer le mandat. Ils lancent rapidement la communication sur le bien, quitte à compléter les informations manquantes plus tard, au fur et à mesure. Dans ce cas, c'est l'aspect commercial qui prime.

## Prospecter

La pige n'est pas la seule façon d'obtenir des mandats, loin de là. Les affaires sont souvent obtenues dans de meilleures conditions si l'agent immobilier a pu se faire connaître du vendeur en amont, avant la mise en vente, ce qui demande de prospecter. La première forme de prospection est commerciale : il s'agit de distribuer des tracts dans les boîtes aux lettres, pour faire connaître l'agence. La plupart des agences y recourent, mais dans les réseaux commerciaux, c'est devenu systématique ; leurs commerciaux sont censés faire très régulièrement ce « boîtage » : en étant très souvent présents sur leur secteur, ils sont les plus visibles. Les propriétaires pensent donc à eux en premier lieu quand ils mettent leur bien en vente.

Laisser des cartes de visite, discuter avec le plus de gens possible...

Les agences qui pratiquent aussi la gestion locative et/ou le syndic de copropriété ont l'avantage d'être forcément parmi les premiers informés lorsqu'un appartement est mis en vente.

Bien souvent, les agences proposent une estimation gratuite. Ces estimations permettent de rencontrer le vendeur de façon assez sereine, d'amorcer une relation de confiance qui sera utile lorsqu'il mettra son bien en vente. Toutefois, l'estimation gratuite n'engage à rien et a ses limites. Le patron d'une petite agence déclare ainsi : *Moi, je suis une référence dans le quartier et les gens viennent me voir en confiance pour une estimation gratuite. Ils ont confiance mais après, quand ils décident de vendre, ils passent par les réseaux, ou par une autre agence qui a été plus rapide que moi. Plus dynamique.*

La prospection se fait dans le secteur de l'agence, dans les immeubles où une vente a été réalisée et dans les environs. Elle ne se limite pas à la distribution de tracts : il peut être fructueux de faire du porte-à-porte pour demander aux habitants s'ils envisagent de vendre ou s'ils connaissent des vendeurs potentiels. Les concierges, lorsqu'il y en a, sont particulièrement courtisés : certains agents leur proposent un intéressement s'ils indiquent une vente mais aussi offrent des petits cadeaux, ont des attentions, viennent les voir régulièrement pour discuter avec eux. Même chose pour les commerçants du secteur, qui peuvent être des informateurs utiles. *Un bon commercial est celui qui serre le plus de paluches,* dit le responsable d'une agence Century 21. Laisser des cartes de visite, discuter avec le plus de gens possible, être constamment à l'affût, tout cela représente un travail qui prend du temps et réclame de la persévérance. Encore une fois, les tempéraments diffèrent d'un agent à l'autre. Certains n'hésitent pas à être insistants, voire intrusifs, à revenir souvent à la charge et à y aller « au culot ». D'autres sont plus mal à l'aise, au moins au début de leur activité, mais doivent acquérir un certain aplomb pour parvenir à solliciter et à s'informer sur les affaires potentielles.

## Utiliser son réseau

Si la pige et la prospection fournissent la majeure partie des mandats, les agents immobiliers ne doivent pas négliger ceux qui proviennent de leur réseau personnel. Des proches et des relations (d'anciens collègues, des membres d'un club ou d'une association, etc.) peuvent leur demander de vendre leur bien, de les aider à en trouver un, ou encore leur indiquer des vendeurs qu'ils connaissent. D'anciens clients peuvent faire de même : les agences cultivent cette source d'affaires, par exemple en organisant des réceptions annuelles où sont invités des clients de l'année ainsi que d'autres qui n'ont pas encore signé.

# Avec l'ancienneté, plus d'affaires trouvées par relations.

Les agents immobiliers n'adhèrent pas forcément à des associations ou des clubs sportifs dans le seul but de rechercher des affaires, mais ils mêlent souvent leurs loisirs ou leur engagement à leur intérêt professionnel : il ne s'agit pas de prospection à proprement parler, mais des opportunités ou des informations sur une affaire peuvent venir naturellement dans la conversation, tout à fait en dehors du contexte professionnel. Il est plus confortable pour l'agent d'obtenir des affaires par ce biais, puisqu'être recommandé par un tiers instaure dès le départ une relation de confiance. Dans ces cas-là, il y a souvent moins d'agences, voire aucune autre, sur le coup, et le propriétaire est plus sensible aux arguments de l'agent. Rares sont les négociateurs qui trouvent leur stock de mandats exclusivement, ou même principalement, grâce à leur réseau relationnel, mais quelques-uns y parviennent, s'ils ont une ancienneté suffisante.

Les apporteurs d'affaires sont essentiels, mais leur impact dépend du mode d'organisation de l'agence et du type de biens qu'elle traite. Par exemple, une négociatrice d'une agence d'un grand réseau, dont le secteur est situé dans le centre-ville de Lyon, a décliné la demande de son frère, qui cherchait à vendre son pavillon situé dans la deuxième couronne de la ville. Elle l'a orienté vers une autre agence de son réseau (à laquelle le frère ne s'est finalement pas rendu, vendant lui-même sa maison). Elle a jugé qu'elle ne connaissait pas suffisamment les prix de ce secteur et qu'elle n'avait pas, parmi ses clients, de personne intéressée par ce bien.

Choisir le support publicitaire : petites annonces, catalogues, sites Internet, vitrine...

À l'inverse, Michel, patron d'une agence spécialisée dans les biens haut de gamme, beaux appartements haussmanniens à Lyon et grandes demeures dans l'Ain, fonctionne presque exclusivement par réseau. Non seulement il consacre du temps à maintenir un réseau constitué depuis ses études et sa vie professionnelle antérieure (cadre dans un groupe d'assurances), mais il cherche aussi à l'élargir en adhérant à plusieurs associations, dont l'association locale des commerçants, un cercle mondain et un parti politique. Les relations qu'il y entretient ne sont pas professionnelles, mais les amis et connaissances qu'il s'y fait ont de bonnes chances de posséder des logements de qualité et de penser à lui s'ils doivent vendre ou rechercher un bien. Dans cette niche des biens haut de gamme, où contrairement à d'autres secteurs, il faut manifester une réelle passion pour les vieilles pierres, l'architecture et l'histoire des bâtiments, les ventes sont souvent complexes et liées à des histoires de succession. Le démarchage et la prospection classiques sont peu efficaces, alors que le relationnel et la recommandation font tout.

## CONSEILLER DES ACHETEURS

### Le contact avec le client

Lorsque des mandats sont pris, l'agent immobilier assure la promotion des biens pour attirer les acheteurs. Beaucoup de choses se jouent au moment de la visite, où il faut à la fois présenter le bien et instaurer une certaine confiance avec l'acheteur. Voici par exemple le récit par Alain de la visite d'une maison en proche banlieue, dont le principal problème est que les tours voisines ont une vue plongeante à l'intérieur (cassée tout de même par une haie). Un couple vient pour la visite et, avant de rentrer, l'homme se plaint du vis-à-vis gênant et du fait que le quartier n'était pas celui indiqué dans l'annonce. *Je lui ai répondu que c'était bien le quartier et je lui ai demandé directement s'il voulait faire la visite. Si l'environnement ne lui plaisait pas, moi je n'avais pas de temps à perdre. Il a dit qu'il voulait faire la visite, on a vu le rez-de-chaussée très vite et puis une fois à l'étage ça a commencé à leur plaire. Alors je leur ai fait refaire une visite, une vraie, en montrant le rez-de-chaussée en détail. On est sorti, il m'a serré la main et m'a dit : « on signe »*. Ici, la confiance s'instaure progressivement sur une base de défiance.

Selon les biens, le type de promotion sera différent. Il y a naturellement une base commune (entrer le bien sur le site de l'agence, mettre une annonce sur les principaux sites comme seloger.com), mais selon les conditions dans lesquelles le mandat a été obtenu, les agents choisissent de se lancer ou non dans des démarches plus importantes. Si le prix demandé leur paraît trop élevé, au point de risquer de décourager les acheteurs, ils ne se presseront pas de faire venir des visiteurs, ou bien ils parleront du bien sans grand enthousiasme.

Mais il arrive aussi que l'agent immobilier se presse de faire des visites pour soigner sa relation avec le vendeur, même s'il pense que le bien sera long à vendre. Ainsi, Alain, directeur de l'agence Immo Plus, est particulièrement attentif aux affaires situées dans les environs immédiats de l'agence, il tient à son statut d'agence de quartier. Comme il est souvent sollicité par les acheteurs qui veulent habiter ce quartier, il a toujours « sous le coude » des visiteurs potentiels. Aussi, il essaye systématiquement de proposer une visite le jour où le vendeur signe le mandat, pour lui montrer à quel point il est réactif. Il espère ainsi que, si la vente prend du temps, le vendeur lui fera confiance, à lui plutôt qu'à une autre agence.

Le facteur temps est primordial : chaque démarche est longue, en particulier les visites, et il importe de cibler son effort et de ne pas se disperser. Cela vaut pour la façon de communiquer sur les biens, mais surtout dans la sélection des visites. Les agents immobiliers ont la hantise du « touriste », de celui qui visite pour le plaisir de voir des maisons mais ne souhaite pas se décider, ou encore de ceux dont la demande est imprécise. Les visites prennent en effet du temps. Le temps de la visite elle-même, bien sûr, mais aussi celui des déplacements – qu'il n'est pas toujours possible d'optimiser en enchaînant plusieurs visites au même endroit – qui demandent beaucoup de temps en voiture, aussi bien à la campagne qu'en ville, avec les problèmes de circulation et de stationnement. Les négociateurs essaient donc d'éviter autant que possible des visites considérées comme inutiles. Comme celui-ci qui, pressentant qu'une femme qui venait d'entrer à l'agence avec une poussette ne menait pas de recherche vraiment sérieuse, refusa de prendre un rendez-vous pour une visite. Lorsqu'elle lui dit :

- *Mais votre métier c'est de faire visiter les appartements !*

Il rétorqua :

- *Non Madame, mon métier c'est de les vendre.*

## Éviter le « touriste », faire des visites pertinentes.

À l'inverse, ce directeur d'une petite agence indépendante se rappelle souvent qu'au début de sa carrière comme agent immobilier il s'est emballé trop vite : il avait établi un très bon contact avec un client qui venait sur Paris à la suite d'une mutation, client qu'il sentait dynamique, prêt à se décider, réceptif à ses arguments et avec qui le courant passait bien. Il lui avait proposé plusieurs visites, acceptant de se déplacer le week-end (puisqu'en semaine ce client était encore sur Nantes) jusqu'à trouver une maison qui lui plaise. L'acheteur potentiel lui déclare alors : *Et pour le financement, on fait comment ?* Il s'aperçoit bien trop tard que le budget est très insuffisant et même que, son client n'ayant pas d'apport, il vaut mieux lui conseiller une location. Le cas est extrême mais lui a servi d'avertissement.

Il est bien sûr plus confortable d'avoir affaire à des acheteurs qui savent bien ce qu'ils veulent, ont une idée précise du budget et ont déjà visité quelques biens ; ils ne se font pas une idée trop extravagante de ce qu'ils peuvent espérer, ni du montant des prix. Les négociateurs préfèrent aussi les visites de couples, pour gagner du temps : si seul le mari ou la femme vient, il est probable qu'il, ou elle, demande une nouvelle visite avec son conjoint. L'objectif est de faire surtout des visites pertinentes, c'est-à-dire qui ont une chance de se conclure par une offre d'achat. Ils ont donc intérêt à expliciter un maximum de points dès la conversation téléphonique avec le client qui prend rendez-vous. Les acheteurs potentiels, quant à eux, ne sont pas tout à fait dans la même logique : la plupart du temps, ils appellent après avoir vu une annonce et ils veulent visiter, se faire une idée de ce qui existe, sans avoir l'impression de passer un examen pour avoir le droit de voir les logements.

Lors du premier contact avec l'acheteur potentiel, l'agent immobilier se contente souvent de quelques informations : de quel budget dispose-t-il, quelle surface recherche-t-il, quelle localisation ? À partir de ces données, il propose la visite (ou essaye de l'éviter) et trouve parfois d'autres biens comparables à faire visiter. Avec la question rituelle *Où en êtes-vous de votre projet ?* il cherche également à se faire une idée de la connaissance que les clients ont du marché mais aussi de la maturation de leur décision : un ménage ne réagit pas de la même façon s'il s'agit d'une première visite et qu'il n'a pas de points de repère ou s'il a vu une dizaine de maisons et qu'une ou deux lui sont passées sous le nez. Lorsque par exemple un

Les qualités d'écoute et d'empathie sont utiles pour cerner le client.

acheteur potentiel n'est pas allé à la banque faire une simulation de prêt, le négociateur sait qu'il aura lui-même à le cerner en le questionnant sur ses revenus, son lieu de travail, les motivations de son choix, etc. Cette « découverte » du client, selon le terme consacré, se fait au cours de la visite (ou des visites), même si les agences des grands réseaux ont comme principe de prendre le rendez-vous à l'agence pour éclaircir tous ces points avant de sélectionner des biens et d'aller les visiter.

## Cerner la demande

Armé de ces informations, le négociateur peut cadrer dans les grandes lignes la demande des acheteurs (budget, surface et nombre de pièces, localisation), ce qui lui évite de perdre trop de temps, mais, pour pouvoir proposer des visites pertinentes, il doit encore aller plus loin. Une foule de facteurs entre en effet en ligne de compte dans la décision finale d'acheter ou non : le style (ancien, moderne, atypique, etc.), l'agencement, les commodités, les transports, les écoles, les nuisances, la sécurité, etc. Chaque acheteur sera plutôt sensible à certains facteurs, de telle sorte que, bien que les attentes des ménages soient assez similaires en apparence, chaque demande présente des spécificités.

L'agent doit donc prendre un peu de temps pour discuter avec ses clients et comprendre quels sont leurs besoins, quitte à les faire dévier de leur projet initial si celui-ci ne cadre pas avec leur budget ou avec d'autres contraintes. La plupart des négociateurs le font volontiers, pour peu qu'ils sentent qu'il y a une chance d'aboutir. Cela ne veut pas dire qu'ils ne s'intéressent qu'aux clients les plus fortunés mais qu'ils préfèrent avoir affaire à des gens qui leur semblent à la fois capables de se décider, de ne pas se bercer d'illusions et de s'adapter aux contraintes du marché, bref avec lesquels ils risquent moins de perdre leur temps. Si ce n'est pas le cas, ils cherchent à écourter la discussion en y mettant plus ou moins de formes, ce qui souvent est très frustrant pour les acheteurs : pour eux, les visites sont un moyen de mieux connaître leur projet et même de le définir : ils ne savent pas toujours eux-mêmes exactement ce qu'ils recherchent et ils peuvent redéfinir certaines de leurs attentes au cours de leur recherche. C'est ici que les qualités d'écoute et d'empathie de l'agent immobilier sont utiles, pour bien saisir ce que recherchent vraiment les acheteurs – et qui n'est pas toujours clairement exprimé.

Mais les visites n'ont pas un but purement informatif. Elles ne visent pas qu'à montrer un logement et à mieux connaître le client, elles doivent aussi l'amener à se décider, lui donner envie. Il est beaucoup plus facile de susciter le rejet que l'envie : insister sur les défauts, manquer d'enthousiasme, paraître réticent sont des attitudes qui suffisent à détourner l'acheteur même si le bien lui plaisait *a priori*. L'achat immobilier est un acte d'une telle importance pour un ménage ou un particulier qu'il est plus rapidement convaincu de ne pas acheter un bien que de l'acquérir. Pour amener un acheteur à désirer un bien, une part de mise en scène est nécessaire. Mise en scène ne signifie pas mensonge, ni qu'il faille accumuler les superlatifs et cacher les défauts, mais il faut malgré tout faire preuve de conviction : il faut amener le visiteur à se projeter dans le logement, s'imaginer y vivre, faire coller son désir avec ce qui est montré.

## Amener le visiteur à se projeter dans le logement, s'imaginer y vivre.

La décision d'acheter un appartement ou une maison résulte de plusieurs facteurs. Certains sont rationnels, d'autres plus affectifs, donc plus difficiles à expliquer mais tout aussi importants : l'acheteur doit s'y sentir bien, réussir à imaginer son chez-soi, son existence quotidienne dans un espace qui lui est encore totalement étranger. Bref, avoir le « coup de cœur » ! Pour toucher ces cordes sensibles et insaisissables, le négociateur n'est pas seulement dans le registre du conseil et de l'argument technique (le prix, les charges, les matériaux, etc.).

Il alterne aussi avec des moments où il amène le visiteur à se représenter une vie possible, un style de vie, dans le logement. Cela peut concerner de tout petits détails. Par exemple, dans un appartement plutôt huppé du centre-ville, Alain, directeur de l'agence Immo Plus, s'aperçoit que la jeune femme qui visite, assez discrète et peu bavarde, semble apprécier la terrasse. Il s'attarde alors sur cette terrasse – précisons que la visite a lieu en été – et prend un temps assez long à lui montrer le store (qui peut aussi servir d'auvent). Il précise que les propriétaires

Tirer parti des éléments qui permettent à un acheteur de s'imaginer dans le logement.

ont l'intention de le laisser. Ce store n'est qu'un accessoire secondaire que l'acheteuse aurait pu installer elle-même, mais le fait de le voir fonctionner concrètement l'aide à se représenter ce que peut être l'usage de cette terrasse : les repas, la flânerie à l'ombre... Apparemment anodin, ce store devient un instrument assez puissant pour l'imaginaire : la jeune femme signe ensuite une offre d'achat. Certes, l'appartement correspondait bien à ses critères et à son budget, mais c'est sans doute le store qui a servi de déclic et Alain a su en jouer. Le vécu personnel de l'agent peut l'aider à maîtriser cette mise en scène, mais surtout son expérience des réactions des autres clients. Cette partie-là du métier n'est pas vraiment codifiable : elle demande à la fois de bien comprendre le projet des clients, de faire preuve de psychologie en s'adaptant aux réactions lors de la visite et de tirer parti des éléments qui permettent à un acheteur de s'imaginer dans le logement.

D'ailleurs, les négociateurs préfèrent les logements où il reste des meubles, puisque ceux-ci incarnent un style d'habitat. Mais les anciens habitants ne doivent pas être trop présents. Un logement habité et mal rangé, voire sale, rebute (et il peut être délicat de demander à chaque fois au vendeur qui a confié le mandat de ranger). Alain est par exemple gêné par un propriétaire qui habite encore les lieux et est présent au cours des visites : s'il est utile pour donner des précisions techniques, comme la consommation d'électricité, il l'embarrasse car il évoque régulièrement sa passion pour la moto, le fait qu'il pouvait la garer facilement et l'entretenir dans le parking, etc. En orientant trop la visite sur ce thème et sur son propre mode de vie, il empêche le visiteur d'imaginer la façon dont il pourrait investir le logement. Alain vendra d'ailleurs cet appartement pendant les vacances du propriétaire.

## ABOUTIR À LA VENTE ET MENER LA NÉGOCIATION

### Les techniques de vente

Il existe toute une série de techniques qui aident à aboutir à la vente. Elles consistent globalement à mettre une certaine pression sur le client, tout en y mettant les formes. Ainsi, ce négociateur expérimenté résume : *Il y a effectivement le travail de conviction, mais il y a aussi le travail d'approche du client. Il faut psychologiquement savoir quel discours lui tenir, à quel moment etc. Il ne faut pas vouloir braquer quelqu'un tout de suite, lui donner l'impression qu'on va lui apporter la bonne parole. Il faut le suivre, cela demande du temps.*

Pour pousser un client à prendre une décision, l'agent immobilier dira par exemple qu'il a déjà des propositions, ce qui est souvent vrai dans la période actuelle où la demande est supérieure à l'offre : il n'a pas le droit légalement de mentir sur ces propositions (comme le stipule la loi Hoguet), mais n'est pas non plus tenu de dire exactement à l'acheteur combien il en a reçu ni à quels prix. Il peut également organiser des visites avec plusieurs personnes en même temps pour les mettre en concurrence, ce qui se pratique plus pour la location que pour la vente. Il peut enfin jouer sur l'image qu'il donne du marché pour assouplir les critères d'un acheteur exigeant ou vendre un appartement peu attractif. Par exemple, à un acheteur qui visite un rez-de-chaussée après avoir vu des appartements en étage très éloignés de ses attentes, en mauvais état, trop sombres, ou trop petits, l'agent dira que les rez-de-chaussée se vendent facilement. Il essayera de le convaincre que ce rez-de-chaussée correspond en fait à ses attentes, et qu'il ne trouvera pas ce qui lui convient en étage avec son budget.

« Comme vous vous en doutez,
il y a beaucoup de demandes… »

Tout cela n'est pas très moral, mais les agents immobiliers qui pratiquent ce genre de choses se justifient en disant qu'il faut parfois ramener les clients à la réalité, leur ouvrir les yeux sur l'état du marché ou encore les aider à revoir leurs préjugés sur certains types de logements. Dans le même ordre d'idées, plusieurs réseaux commerciaux emploient une méthode venue des États-Unis : cela consiste à amener le client à l'agence après avoir fait une série de visites et à profiter de son état d'esprit pour le pousser à prendre une décision. Le client est alors supposé avoir vu un éventail représentatif de l'offre existante sur le marché, on l'incite à se décider pour l'un des biens présentés dans la journée. Le commercial peut se montrer insistant au cours de ces débriefings.

La gamme des techniques commerciales est donc assez large. Elles font partie du métier, mais il est parfois difficile de fixer le seuil entre ce qui se justifie dans un métier de vente, où la part de persuasion est légitime, et ce qui relève de l'abus. Les clients ne sont pas tous armés de la même façon pour réagir à cette pression : beaucoup prennent de la distance car ils sont assez méfiants envers les agents immobiliers (paradoxalement, c'est cette défiance qui pousse les négociateurs à améliorer les techniques de vente plus que la dimension de conseil et d'accompagnement de leur métier), tandis que certains se laisseront facilement influencer. Ainsi, toujours lors de cette visite d'appartement au cours de laquelle la jeune cliente se montre sensible à la terrasse, Alain repasse plusieurs fois par cette terrasse, montre les stores et chaises de jardin, tout en insistant : *Par contre la seule chose que je vais vous dire c'est qu'il va falloir être très rapide avec cet appartement, comme vous vous en doutez, il y a beaucoup de demandes.* La jeune femme signe une offre d'achat à la fin de la visite. Alain commente : *Les clients, ils achètent sur des détails. Là, elle aimait la terrasse. C'est comme de la tauromachie : j'ai planté mes banderilles en lui montrant les chaises de jardin et je l'ai épinglée avec le store et avec le deuxième store sur le côté, c'était l'estocade.*

## Négocier

Il en va de même pour la négociation sur le prix, qui est très courante dans les ventes immobilières. En effet, il est presque d'usage de discuter le prix, même pour des montants assez faibles. Avec toutefois des différences, que résume bien ce directeur d'agence indépendante :

*Il y a plein d'acheteurs qui nous disent : « De toute façon on va négocier. » Ils ont presque l'impression de se faire avoir s'ils ne négocient pas. Mais tout dépend de la façon dont a été fixé le prix de vente. Si on propose un prix qui correspond au marché et que d'emblée on présente les choses comme non négociables, et qu'on est en mesure de justifier par comparaison avec d'autres biens, les acheteurs, ils achètent à l'euro près. Même si ça fait un prix très bizarre, il peut ne pas y avoir de discussion. Par contre si vous présentez les choses en disant : « Visitez, si ça vous plaît faites une proposition, on verra bien ce qu'il en advient », c'est sûr que ça encourage les gens à négocier. C'est vraiment une question de présentation. Si vous présentez un prix qui est le prix du vendeur et que le vendeur a une idée très affective de la valeur de son bien, et du coup le prix ne correspond pas du tout au marché, forcément ça va pousser un acheteur à faire une négociation, et d'autant plus basse que le vendeur a surestimé son prix. C'est vraiment une histoire de présentation.*

Au cours des dix dernières années toutefois, l'offre était si peu abondante par rapport à la demande que beaucoup de biens se sont vendus au prix demandé par le vendeur, sans discussion, parfois au plus grand étonnement des agents immobiliers eux-mêmes. On les a souvent accusés d'avoir profité de la hausse des prix, si ce n'est de l'avoir encouragée. Mais la réalité est peut-être plus nuancée : certes, l'agent immobilier a intérêt à ce que le prix soit le plus élevé possible car sa commission est proportionnelle au prix de vente, mais il a surtout intérêt à ce que la vente se fasse pour toucher sa commission. Il estime en général qu'il a plus de chances d'y arriver si le bien est dans les prix du marché que s'il est surévalué, et, comme

Un propriétaire signe un mandat de vente pour sa maison.

on l'a vu, il fait moins de démarches pour un bien surévalué parce qu'il attend qu'il « mûrisse », c'est-à-dire que le propriétaire se montre un peu moins gourmand et baisse son prix.

Les dix ou quinze dernières années sont atypiques : les prix sont montés tellement haut et tellement rapidement que des biens apparemment surévalués se retrouvaient vite dans la tendance. Les agents immobiliers n'ont que très peu eu à modérer les prétentions de leurs vendeurs. En temps normal – si cela signifie quelque chose –, une partie difficile de leur travail consiste à convaincre les vendeurs de revoir leur prix pour se rapprocher de la moyenne et/ou de persuader les acheteurs que le prix demandé est légitime, qu'il correspond à la tendance et qu'il est illusoire de chercher absolument « la » bonne affaire. Une partie de cet ajustement se fait au fil du temps : les vendeurs révisent leurs prétentions s'ils n'ont pas de visites ni de propositions d'achat, et les acheteurs font de même quand les biens qui les intéressent leur passent sous le nez. Mais les arguments de l'agent immobilier ont aussi du poids. Son rôle va au-delà de la seule transmission d'information : il transmet au vendeur les offres qui sont faites, mais dit également s'il pense que l'offre est intéressante, si le vendeur peut espérer mieux sans avoir à trop attendre. Symétriquement, il transmet à l'acheteur potentiel l'acceptation ou le refus du vendeur.

La difficulté de sa tâche vient de ce qu'il défend simultanément deux intérêts contradictoires, celui du vendeur et celui de l'acheteur, et que lui-même a tout intérêt à ce que la vente se fasse. Son argument principal est celui du prix du marché : le montant est légitime, et aucune partie n'est lésée, si la vente se fait au prix du marché. Le discours de l'agent immobilier peut passer s'il a auparavant su instaurer la confiance avec le vendeur et l'acheteur. Toutes les phases précédentes, de la recherche du bien à la visite, se concrétisent alors dans le moment de la négociation : si l'agent immobilier donne l'impression d'avoir fait son travail, c'est-à-dire d'avoir bien promu le logement (pour le vendeur) sans avoir occulté ses défauts (pour l'acheteur), il a plus de chances d'être entendu. Néanmoins, cette phase est souvent délicate pour l'agent immobilier. C'est là que l'excitation, voire la jubilation, de conclure la vente le dispute à l'inquiétude du retournement de dernière minute, et éventuellement à l'agacement contre des clients qui tergiversent, changent d'avis, maintiennent l'incertitude jusqu'au bout. La conversation entre Cédric et Pascal citée au début de ce chapitre en témoigne. Ces moments-là donnent lieu à de nombreux coups de téléphone, voire à des rendez-vous à l'agence pour s'assurer des dispositions des uns et des autres, car le négociateur veut accompagner au plus près ses clients pour limiter le risque de mauvaise surprise. Assez souvent aussi, le patron de l'agence suit la négociation, ou s'y implique, pour aboutir au compromis de vente.

Le contact humain, l'une des richesses du métier.

# Comment les agents immobiliers vivent leur métier

## LES MAUVAIS CÔTÉS

### L'incertitude

Contrairement à ce qu'imaginent parfois ceux qui souhaitent s'y lancer, l'immobilier n'est pas un métier facile. Sa difficulté ne vient pas tellement de la quantité de connaissances à maîtriser, même s'il ne faut pas négliger cet aspect. Ce que les agents immobiliers vivent le plus mal, ce sont les contraintes et les incertitudes typiques des professions commerciales. L'incertitude sur les revenus est peut-être la plus difficile à affronter, surtout quand on débute. Rien n'est garanti puisque le revenu dépend des ventes réalisées. On peut avoir des « mois à zéro », c'est-à-dire sans revenu, ce qui n'est supportable que si les ventes d'autres périodes compensent ce manque. Quand on commence, il faut trouver ses propres affaires, se constituer un stock de mandats avant d'espérer vendre, ce qui oblige à passer par une période de six mois à un an pendant laquelle les revenus sont très aléatoires, voire inexistants.

De la même façon, ceux qui montent une agence sont très dépendants de la moindre vente. Il faut en être conscient avant de se lancer dans ce métier et assurer ses arrières pour les premiers temps. Ensuite l'activité se stabilise, mais il faut malgré tout régulièrement reconstituer son stock de mandats, dans un contexte qui, depuis plusieurs années, est plutôt marqué par une pénurie de l'offre et une grande concurrence entre agences. Même pour un agent immobilier aguerri, il est difficile de savoir à l'avance quel sera son revenu, et s'il sera suffisant. Tout cela s'accompagne de stress, voire d'anxiété, et de période de tensions au cours desquelles il faut redoubler d'efforts et ne pas compter ses heures. Les bonnes périodes alternent avec les mauvaises et il n'y a généralement pas grand-chose à y faire. La conjoncture frappe très fortement le métier d'agent immobilier, qui devient très difficile quand l'offre est rare et les agences très nombreuses.

## Parfois beaucoup de travail pour un résultat nul.

L'incertitude concerne aussi l'activité au quotidien. Même en ciblant au mieux ses démarches, le négociateur n'est jamais sûr de les voir aboutir. Il peut fournir beaucoup de travail pour un résultat nul, faire beaucoup de visites et voir l'affaire emportée par une autre agence, ou directement par le vendeur. Bien sûr, l'inverse est également possible : un bien vendu très rapidement, presque sans effort. Mais ce deuxième cas de figure est plus rare que le premier. C'est peut-être l'un des aspects les plus rédhibitoires du métier, cette impression de consacrer beaucoup de temps et d'efforts à certaines affaires qui finalement vous échappent et ne rapportent rien. Décourageant aussi d'avoir l'impression que des clients sont décidés, prêts à franchir le pas, et de les voir renoncer au dernier moment.

Pour toutes ces raisons, il faut savoir prendre un petit peu de recul et faire preuve de prudence pour ne pas s'emballer trop vite. Ce type d'aléas touche toutes les professions commerciales, mais encore plus les agents immobiliers, qui ne traitent pas avec des professionnels mais avec des particuliers, pour un produit qui représente la dépense la plus importante de leur vie et qui touche à leur intimité et leur projet de vie. Il y entre beaucoup d'affectif, voire d'irrationnel.

## Des clients parfois ingrats

Ce risque de travailler pour rien est encore accru par la perception que les clients ont de la profession d'agent immobilier. Ce ne sont pas tellement l'image négative, la défiance ou même un certain mépris pour la profession qui sont en cause. Le problème est ailleurs : il vient du fait que beaucoup de clients ne consultent les agences que pour avoir accès à tel ou tel bien mis en vente, et ne les considèrent que comme des catalogues d'annonces. Ils préféreraient se passer d'elles pour ne pas payer de commission, et ne tiennent pas du tout compte du service rendu. Or, pour l'agent, le service et le conseil font partie du métier : amener l'acheteur à réfléchir aux risques éventuels, aux dépenses non prises en compte comme la taxe foncière ou la plus-value, anticiper les travaux de la copropriété, montrer des aménagements possibles, aider à redéfinir son projet immobilier...

Tous ces éléments font partie de la relation commerciale, mais ils sont rarement réclamés tels quels par le client, et encore moins formalisés ou rémunérés. Pourtant la plupart des agents estiment impossible de faire leur métier sans offrir ces services, car ils risqueraient alors de pousser les clients à prendre des décisions inconsidérées qu'ils regretteront par la suite. Souvent, les clients ne reconnaissent cet aspect du travail qu'après coup, voire pas du tout. Certes, le service et le conseil sont des étapes pour parvenir à la vente, mais ils ne sont pas reconnus en tant que tels : en payant une commission, les clients ont l'impression de payer une sorte de droit d'accès aux offres de l'agence, pas du tout de rémunérer un service et un conseil. Ce qui peut se révéler frustrant pour un agent immobilier, et surtout décevant quand il a longuement accompagné un client qui finalement se désiste.

## Le service et le conseil : rarement reconnus, jamais rémunérés.

Même chose avec les vendeurs. Le cas de l'estimation gratuite est révélateur : un propriétaire qui veut vendre peut bénéficier d'une estimation gratuite de son bien par une agence, qui espère bien obtenir ensuite un mandat. Mais rien ne l'oblige à signer avec cette agence. Donc, pour avoir plus de chances d'obtenir le mandat, certains agents vont dans le sens du vendeur, lui disent ce qu'il souhaite entendre, et acceptent son prix plutôt que de donner leur véritable estimation. Ceux qui s'y refusent espèrent que l'honnêteté de leur discours aidera à instaurer la confiance. Mais ce n'est pas toujours le cas. Comme le dit le patron d'une agence qui a souhaité développer la relation de service comme pilier de son activité, peut-être au détriment du marketing : *Les clients viennent nous prendre du service mais après ils vont ailleurs ou ils vendent par eux-mêmes.* En conclusion, on peut dire que faire des démarches sans résultat fait partie du métier.

Toutes ces incertitudes font le quotidien des agents immobiliers. Elles sont particulièrement lourdes pour ceux qui débutent mais ne disparaissent pas totalement par la suite.

## Un métier qui prend du temps

D'autres facteurs peuvent également être source de stress et de tension. Comme dans toutes les professions de service, la présentation de soi est importante. Il faut prendre soin de sa façon de s'habiller (même si le costume n'est plus une obligation incontournable), il faut savoir s'adresser aux gens et s'adapter à leur façon d'être. De plus, le métier est exigeant en termes d'horaires et de temps de travail. On atteint fréquemment 50 heures par semaine, voire plus ou nettement plus. Certes, une grande autonomie est laissée aux négociateurs dans l'organisation de leur travail, qui peut aussi être exercé à temps partiel ou avec des horaires aménagés. Mais il faut beaucoup de temps, on l'a vu, pour parvenir à faire aboutir des affaires.

Savoir s'adresser aux gens et s'adapter à leur façon d'être.

L'agent doit aussi s'adapter aux exigences des clients, qui ont aussi leurs propres contraintes professionnelles et familiales, demandent à visiter seuls puis en couple, éventuellement avec un autre ami ou un autre parent, ce qui multiplie les visites (et les interlocuteurs). Même s'il dispose d'une marge de manœuvre pour cibler et essayer d'éviter les visites qu'il juge inutiles, le négociateur doit s'adapter, se rendre disponible, accepter des visites en début de soirée, à l'heure du déjeuner et le week-end. Les femmes, notamment les mères de famille qui bien souvent doivent aussi gérer le planning des enfants, ont du mal à s'en accommoder mais, plus généralement, tous peuvent être perturbés par cette contrainte, comme l'indique ce négociateur de 45 ans : *Moi ce que je vis vraiment mal, c'est quand je me suis enflammé pour un client, que j'ai accepté de faire des visites le samedi alors que je déteste ça au niveau familial, que j'y ai cru et que ça ne donne rien. Et puis au niveau familial, c'est quand même dur.*

## 50 heures par semaine, voire plus ou nettement plus.

Il faut également accepter un emploi du temps assez flexible, avec des rendez-vous qui s'accumulent subitement ou sont décommandés, ou encore des temps creux que l'on ne peut pas planifier à l'avance. Pour beaucoup, il est important de fixer des limites, par exemple sur le week-end, surtout lorsque l'on a une vie familiale. Gérer son temps présente un réel enjeu, d'autant plus que les appels de clients et les sollicitations pour des visites peuvent intervenir à tout moment. Pourtant, dans les périodes difficiles où chaque affaire compte, il peut être inévitable de faire plus d'heures, à des horaires peu compatibles avec la vie de famille, pour ne pas risquer de rater un mandat ou une visite décisive.

## LES SATISFACTIONS DU MÉTIER

### Gagner de l'argent

Pourtant, le tableau ne doit pas être noirci outre mesure : le métier offre des satisfactions qui sont, à bien des égards, la face inverse de ses inconvénients. Tout d'abord, la dimension financière, qui est la première motivation de beaucoup de ceux qui s'y lancent, n'est pas qu'une illusion. Réussir suppose beaucoup d'implication mais s'avère payant. Des commerciaux expérimentés et ayant un bon réseau peuvent espérer une rémunération mensuelle de 3 000 à 4 000 euros nets dans de bonnes périodes, ce qui est beaucoup plus qu'un salarié au niveau de diplôme équivalent. Mais de mauvaises conjonctures peuvent diminuer drastiquement ce montant (1 500-3 000 euros nets, voire moins). Inversement, dans certains contextes où les prix sont élevés, ce revenu est encore plus haut. Un directeur d'agence peut quant à lui compter sur des revenus bien supérieurs après quelques années d'activité, si son agence rencontre le succès. Par ailleurs, l'incertitude sur le revenu n'est pas vécue uniquement comme un poids et un stress. Elle est aussi source d'excitation, d'émulation, voire de jubilation. La satisfaction de remporter une affaire, de passer devant les concurrents, d'avoir réussi à convaincre, est une gratification extrêmement importante. Elle va souvent de pair avec un certain esprit de compétition. En témoigne ce patron d'agence de quarante ans qui a fondé son agence cinq ans auparavant : *Au début, chaque vente était vitale pour nous et on était à fond, complètement le nez dans le guidon. Maintenant, c'est un peu plus détendu… Mais ça nous fait encore vraiment tripper quand il y a d'autres agences sur le coup et qu'on gagne, qu'on les grille !*

En conséquence, les agents peuvent avoir des relations plutôt tendues avec les commerciaux d'autres agences, surtout lorsque ces agences ont un mandat sur le même bien et que chacune tient un discours différent sur le prix, ou sur la meilleure méthode à adopter. Chacune a alors l'impression que les autres agences sabotent son propre travail.

## Relever des défis

Beaucoup d'agences, en particulier les réseaux, affichent les résultats des différents collaborateurs pour créer une émulation. Certains agents apprécient, en plus de bien gagner leur vie, d'être les premiers de ces classements. C'est l'un des principaux vecteurs de reconnaissance professionnelle et la base des réputations et

Réunion départementale des directeurs d'agences du réseau La Bourse de l'Immobilier.

des notoriétés. Les agents discutent entre eux de leurs résultats, ou de ceux des autres.

*Ça discute dans le milieu*, dit ainsi Alain avec une certaine fierté. *Même si on ne le crie pas sur les toits, les confrères, ils voient les annonces qu'on passe, les biens qu'on vend. Ils voient que ça marche bien chez nous, on n'a pas besoin d'aller le répéter partout.*

Les réseaux font également circuler parmi leurs agences le palmarès de celles qui ont obtenu les meilleurs résultats, et les vendeurs les plus importants sont souvent sollicités pour faire des formations auprès des autres négociateurs du réseau, donner leurs méthodes et leurs « trucs ». L'esprit de compétition va parfois de pair avec un certain sens du défi qui se traduit par une série d'objectifs : obtenir un rendez-vous d'un vendeur réticent, trouver un acheteur pour un logement atypique, ou un logement répondant à des exigences très précises, à la manière de cet agent installé depuis les années 1960 dont une des fiertés est d'avoir trouvé une maison pour un haut fonctionnaire à moins de douze minutes de la préfecture, capable d'abriter les motos de son escorte et dans le jardin de laquelle un hélicoptère peut se poser.

Cet état d'esprit s'accompagne d'un certain individualisme. Non que les agents immobiliers soient particulièrement égoïstes, mais leurs conditions de travail les conduisent assez peu à s'inscrire dans un collectif, à collaborer ou à se partager les tâches. L'exemple de Louis et Julien, qui ont fondé leur agence ensemble alors qu'ils étaient tous deux négociateurs dans une agence dont le directeur était leur ami, est révélateur : *Il* [le directeur de leur ancienne agence] *ne l'a pas bien pris forcément, qu'on le quitte. On avait le même âge, on était amis. Il l'a ressenti comme une trahison. Mais il aurait dû comprendre, on n'allait pas rester salariés toute notre vie. Lui, il avait bien créé son agence, il était comme nous en fait.* Citons également ce directeur d'agence qui a participé à la mise en place d'un fichier commun avec d'autres agences de son secteur : *Avant je ne connaissais pas les confrères qui étaient à une rue d'ici. Enfin, c'est-à-dire qu'on se croisait quand on était sur la même affaire mais on ne se parlait pas. On se traitait tous de cons dans notre dos quand quelqu'un prenait un mandat en dehors du prix du marché. Mais c'est tout. En fait, on ne se connaissait pas.*

### Esprit d'équipe ?

Cet individualisme se retrouve au sein des agences. Chacun suit ses propres affaires, ou son secteur, et n'a que des relations lointaines avec les concurrents qui sont sur les mêmes biens. Entre collègues, les tensions peuvent aussi exister, en particulier lorsqu'une affaire a été traitée par plus d'un négociateur, par exemple lorsque l'un a pris le mandat et qu'un second a fait la visite avec l'acheteur. Il est prévu dans ces cas-là de partager la commission, mais des tensions, voire des conflits, peuvent éclater si l'un estime avoir plus mérité ou s'il a l'impression que cette affaire lui a été subtilisée. En théorie, ces conflits sont limités puisque chacun a son secteur ou ses affaires, mais ils surviennent tout de même occasionnellement.

> « On peut travailler dans l'immobilier sans se tirer dans les pattes toute la journée. »

Le degré de cohésion entre membres d'une même équipe est très variable d'une agence à l'autre. Dans certaines, les gens ne font que se croiser et sont très indépendants tandis que dans d'autres, les relations sont plus fortes. Comme dans toute entreprise, l'ambiance de travail est très variable et ne dépend pas que des affinités entre les collaborateurs de l'agence. L'ancienneté, l'âge, le nombre d'hommes et de femmes, ou encore le souci du patron de l'agence d'entretenir plutôt l'esprit d'équipe ou l'esprit de compétition, jouent beaucoup sur les rapports entre collègues. Cette négociatrice de 50 ans déclare ainsi : *Cela fait dix ans que je suis dans cette agence et j'y reste, après avoir beaucoup tourné, parce que l'ambiance est bonne. C'est très carré. Chacun a ses affaires, ses clients, et le directeur y veille. On n'a pas peur de se faire piquer une affaire. C'est cette agence qui m'a fait comprendre qu'on pouvait travailler dans l'immobilier dans la bonne humeur et sans se tirer dans les pattes toute la journée.* Le fait que les commerciaux changent souvent d'agence ne contribue pas à créer un esprit d'équipe et de travail en commun, mais cela n'empêche pas que des liens se créent malgré tout entre collègues.

## Indépendance et liberté

Il faut dire aussi que l'indépendance est une des caractéristiques essentielles de ce métier. Beaucoup le choisissent justement pour ne pas retrouver les contraintes qu'ils ressentent dans le salariat : ils veulent se libérer du poids de la hiérarchie, ils ne veulent plus supporter la pression de « l'objectif à atteindre » qui se pratique beaucoup dans certains secteurs, y compris dans d'autres professions commerciales censées être autonomes, comme les banques et les assurances. Dans l'immobilier, avec de petites structures et un mode de rémunération basé sur la commission, les négociateurs ont plus de marge de manœuvre pour organiser leur temps et leurs visites. Cette liberté est le versant positif de l'incertitude décrite plus haut. Elle vaut aussi pour les façons de travailler qui ne sont pas formatées. Certes, les méthodes commerciales peuvent être codifiées, en particulier dans les réseaux commerciaux, et le patron de l'agence exerce une pression pour que les ventes aboutissent.

Mais chacun les adapte en fonction de son expérience, de sa personnalité et des réactions des clients : savoir s'il faut être insistant, distant, empathique, etc. dépend de l'interprétation que l'agent fait de la situation, de sa propre personnalité et de ses habitudes de travail. Bien que la tendance soit au développement des règles de marketing, avec des phrases toutes faites, une méthodologie à suivre à la lettre, les agents immobiliers restent encore relativement épargnés par les formes les plus poussées de la standardisation du rapport marchand et leur relation avec le client laisse une grande place à l'humain.

Pour cerner l'attente de son client, un agent immobilier doit forcément aborder des thèmes personnels.

## Un métier de contact

Les agents immobiliers apprécient aussi la richesse des contacts dans la profession. Leur client est engagé dans un achat, ou une vente, qui met en jeu ses projets d'avenir, son mode de vie, son intimité, de telle sorte que le négociateur est rapidement plongé au cœur des aspects les plus personnels d'un individu ou d'une famille. Essayer de bien les cerner, faire preuve de psychologie mais aussi de compréhension, pour ne pas amener ses clients à prendre de mauvaises décisions qui les pénaliseront sur le long terme, est une satisfaction non négligeable du métier. Il arrive aussi que la relation aille plus loin que le strict cadre professionnel et devienne amicale, lorsque des affinités apparaissent et que la vente se passe bien, voire amoureuse ! Pour bien cerner l'attente de son client, un agent immobilier doit forcément aborder des thèmes personnels et susciter une certaine sympathie pendant les visites, tout en étant réceptif à ce que disent les clients : parler ainsi de choses parfois intimes comme un divorce, des problèmes d'argent, favorise l'émergence de relations plus personnelles. Cet aspect est bien réel mais il faut aussi le nuancer : souvent, la relation reste très superficielle, rapide. Dans les premiers temps, pour cibler ses démarches, l'agent immobilier doit, dans la mesure du possible, écarter les « touristes » et les cas qui lui paraissent les moins pertinents. Il doit aussi s'adapter à des clients peu agréables, méfiants et peu enclins à écouter. Vivre avec plaisir cette relation commerciale suppose un engagement réciproque de l'agent et du client, engagement qu'il n'est pas toujours possible de susciter. Gérer ceux qui n'entrent pas vraiment dans un rapport de service et de conseil peut créer de la tension et étouffer par moments le plaisir du contact humain. Mais les négociateurs reconnaissent malgré tout que la rencontre de clients très divers fait la richesse du métier, comme le fait de découvrir des univers sociaux qu'ils ignoraient parfois complètement.

### Progresser dans le métier

La carrière de négociateur offre des possibilités d'évolution. Bien sûr, il ne s'agit pas de changement de poste ou d'augmentation, puisque la rémunération reste calculée sur les mêmes bases. Seules l'expérience et l'ancienneté modifient le travail : ce ne sont pas tellement les taches quotidiennes qui changent, mais le travail devient plus facile parce qu'avec le temps se constitue un réseau, comptant notamment les anciens clients qui reviennent à l'occasion d'une séparation, d'une mutation, de l'arrivée de la retraite, et avec qui les relations sont plus sereines.

La nouveauté peut aussi venir de la confrontation à de nouveaux produits : vendre un terrain est différent de vendre une maison, puisqu'il faut s'intéresser à la question des permis de construire. Vendre des fonds de commerce demande de se pencher sur les spécificités de chaque type de commerce, de se familiariser avec les prix, etc. Il s'agit presque d'apprendre un nouveau métier. Assez peu de commerciaux s'y essaient, mais ceux qui le font y voient un moyen d'élargir leur champ d'action (et donc d'obtenir plus d'affaires) tout en diversifiant leur pratique, ce qui rend le métier plus intéressant.

## Vendre un nouveau produit : presque un nouveau métier.

Changer d'agence est aussi une façon de rompre la routine et de progresser. Les commerciaux bougent fréquemment, surtout en début de carrière, ne restant qu'un an ou deux. Ils expliquent généralement ces changements fréquents par leur besoin d'indépendance et de nouveautés, ou pour profiter des opportunités, comme par exemple l'ouverture de nouvelles agences. Ceux qui débutent tentent leur chance ailleurs pour ne plus être cantonnés aux tâches ingrates comme la pige. Ces changements de poste se font souvent grâce au bouche-à-oreille et aux recommandations, mais les réseaux mettent aussi en ligne des offres de recrutement auxquelles les commerciaux peuvent postuler. La mobilité est plus importante dans les grandes agences, surtout dans celles qui appartiennent à un réseau. Les commerciaux plus âgés et ayant une vie de famille, parmi lesquels les femmes sont majoritaires, ont plus tendance à se fixer, au moins géographiquement. Il arrive fréquemment qu'ils changent d'agence, mais conservent malgré tout leur zone d'activité. Contrairement aux salariés des grands groupes, les agents immobiliers n'ont pas à craindre d'être mutés à l'autre bout de la France au gré des affectations données par l'entreprise.

On l'a dit, la proportion de commerciaux qui montent leur propre agence est relativement faible. En revanche, pour ceux qui décident de monter leur structure, de réelles possibilités de croissance existent, même si les débuts sont souvent fragiles. Si l'affaire marche bien, il est tentant d'ouvrir une seconde agence pour exploiter un secteur voisin, mais un peu trop distant de la première, avec une équipe différente. Antoine, qui a près de 65 ans, a ainsi été propriétaire de trois agences dans Lille, toutes florissantes, entre les années 1970 et 1980. Suite à un infarctus, lié au surmenage, il en a revendu deux au milieu des années 1990 et conservé sa première, une toute petite agence dans un vieux quartier de la ville, où il travaille seul et uniquement avec son réseau d'anciens clients. Les directeurs d'agences en réseau ont également ouvert beaucoup d'agences en filiales depuis le début des années 1990 : en général, ils ont fondé une première agence en centre-ville puis, devant le succès rencontré, une seconde dans une partie de la périphérie. Dans ce type de postes, la charge de travail et le stress sont importants, à la mesure du revenu, et le métier change alors de nature : on devient plus chef d'entreprise que vendeur immobilier.

## LES REPRÉSENTATIONS DU MÉTIER

Le métier d'agent immobilier a une mauvaise image en France. C'est un peu moins vrai dans d'autres pays, comme les États-Unis, où cette profession est l'une des plus recherchées (au moins jusqu'à la crise de 2008) et où les agents sont beaucoup mieux intégrés dans leur voisinage qu'en France. Mais en France, le catalogue des reproches est assez long. Ils sont de trois types : les agents immobiliers sont inutiles (les particuliers seraient capables de faire eux-mêmes ce travail, surtout avec Internet), ils sont incompétents (mauvaise connaissance des prix, de la qualité des produits), et enfin ils jouent un rôle négatif sur le marché du logement (tendance à faire monter les prix, discrimination dans la recherche de locataires).

L'inutilité viendrait du fait qu'avec Internet il n'y a plus besoin d'intermédiaire pour rechercher un logement, surtout avec des commissions aussi élevées. Il n'en reste pas moins que la profession n'a pas disparu avec l'arrivée d'Internet. Comme on l'a dit assez longuement, il y a une différence entre vendre un bien et simplement le montrer. L'accusation d'incompétence est souvent accompagnée d'un plaidoyer pour la formation, mais elle renvoie aussi à une tension entre la partie commerciale du métier et celle de service et de conseil. Pour le dire rapidement : l'agent immobilier a intérêt à n'entrer dans une relation de conseil que s'il espère voir aboutir la vente, tandis que le client a plutôt intérêt à prendre le service qu'il peut gratuitement, mais à vendre ou acheter sans payer de commission. Enfin, troisième reproche, les agents immobiliers auraient contribué à la hausse des prix de l'immobilier, en cherchant à vendre au plus haut pour toucher des commissions plus importantes. Et pour certains, ils seraient aussi responsables des discriminations sociales dans le logement, en ne proposant pas de visites aux clients des classes populaires et en les refusant comme locataires. Il manque d'études pour le démontrer, mais il semble plutôt qu'ils accompagnent les tendances plutôt qu'ils ne les créent et qu'ils n'ont pas tellement de pouvoir sur l'évolution des prix. Notre propos n'est pas tellement de discuter ces reproches, mais de voir comment les agents immobiliers y réagissent.

Ils sont assez ambivalents. D'une part, ils souffrent de cette mauvaise image, non pas en général mais lorsque la défiance des clients affecte leur métier au quotidien. Pour le reste, ils assument assez volontiers le fait que ce métier a pour objectif de vendre, de faire de l'argent. Le souci de l'intérêt du client, de lui éviter des choix inconsidérés ou une trop mauvaise affaire, fait partie du métier et des satisfactions qu'il procure, mais les agents immobiliers n'ont pas de vocation altruiste ou philanthropique. Globalement, ils se posent peu de questions sur les éventuels effets que peut avoir leur travail à grande échelle (comme par exemple la montée des prix ou les difficultés de logement des plus pauvres). Ils restent focalisés sur leur travail, qu'ils considèrent comme difficile car très prenant et aléatoire, mais – souvent – comme passionnant. Selon eux, leur profession compte beaucoup d'incompétents qui gâchent le métier. Cette opinion est un reflet de la concurrence très forte entre agences et de l'opposition entre plusieurs modèles, notamment entre réseaux et indépendants. Ceux qui n'en sont pas membres trouvent que les réseaux sont trop axés sur le marketing, prennent des affaires à la chaîne, sans discuter le prix ni chercher à obtenir de mandats dans de bonnes conditions. À l'inverse, ceux qui les défendent estiment que les réseaux sont la seule réponse possible aux évolutions amenées par Internet et les nouvelles technologies. Pour être visible, exister dans les nouvelles technologies et au niveau local, il faudrait des méthodes systématiques de promotion et de communication que seuls les réseaux peuvent mettre en place. Là non plus, ce débat n'a pas à être tranché ici, si tant est qu'il puisse l'être, mais il montre qu'il n'y a pas d'unanimité autour de ce qu'est ce métier. La mauvaise image que les agents immobiliers ont de leurs confrères est en partie un résultat de ces divergences d'opinion.

## UN MÉTIER D'AVENIR ?

En filigrane se pose aussi la question de l'avenir de la profession. Elle a su investir les nouvelles technologies et être présente sur Internet qui ne l'a pas fait disparaître. La crise économique fragilise ce secteur, comme beaucoup d'autres, mais elle ne remet pas en cause le développement sur le long terme du marché immobilier, qui dépend de la démographie et de la mobilité des ménages. À tous ces points de vue, il reste

Avant tout se défaire de l'illusion de l'argent facile.

un métier d'avenir, même si l'on ne peut prévoir si les ventes directes entre particuliers resteront aussi nombreuses ou diminueront au profit des agences. Quoi qu'il en soit, malgré les changements de fond auxquels ce métier est confronté, la proximité, la présence sur le terrain et la relation commerciale personnelle avec le client restent la base de la profession.

Si l'on veut s'engager dans ce métier sans risquer trop de déconvenues, il faut se défaire d'un certain nombre d'illusions, et en premier lieu celle de l'argent facile : il n'est ni facile, ni garanti. Il faut également anticiper le temps nécessaire avant que l'activité devienne rentable. Que l'on soit en début de carrière ou en reconversion, plusieurs mois peuvent être nécessaires avant de réaliser une première vente et de commencer à vivre de ce travail, qui demande un fort investissement en temps et en énergie. Il faut aussi s'interroger sur sa capacité à s'adapter aux aléas du métier, à l'alternance des périodes fastes et creuses, aux phases de jubilation et de fierté suivies de déceptions et d'efforts inutiles. Certes, il est possible de limiter ces aléas, mais cela demande un travail constant. Pour certains cette incertitude sera un challenge, un moteur, mais d'autres peuvent la vivre comme une précarité difficile à supporter, et incompatible avec les exigences de la vie de famille. Il faut bien prendre en compte cet aspect des choses pour pouvoir profiter des opportunités offertes par le métier d'agent immobilier.

# INDEX

# SITES ET ADRESSES UTILES

## Organisations professionnelles

Elles offrent sur leur site une présentation des métiers de l'immobilier, des informations sur l'actualité de l'immobilier, des offres d'emploi. Certaines publient des revues, comme la *Revue bleue* de la FNAIM, envoyée aux adhérents, ou *Administrer* de l'UNIS, sur abonnement.

**FNAIM** (Fédération nationale de l'immobilier)
www.fnaim.fr
**UNIS** (Union des syndicats de l'immobilier)
http://www.unis-immo.fr
**SNPI** (Syndicat national des professionnels immobiliers)
www.snpi.com
**CNASIM** (Chambre nationale syndicale des mandataires commerciaux libéraux agents commerciaux de l'immobilier)
www.cnasim.fr
**SYREMI** (Syndicat des réseaux de mandataires en immobilier)
www.syremi.fr
**Apogée** (Institut français du management immobilier)
http://www.apogee-perigee.com/assap/ObsMetiers/obsmetiersfr.asp

Des offres d'emploi peuvent également être trouvées sur www.businessimmo.com qui est un site d'information pour les professionnels de l'immobilier. Différents salons sont organisés, qui peuvent être l'occasion de contacter des professionnels : www.salonimmobilierdeparis.fr

Les salons de l'immobilier peuvent être de bonnes occasions pour rencontrer des professionnels. Il y en a dans plusieurs villes. Il existe également un salon national dont voici le site : www.salonimmobilier.com. Les salons sont organisés par différentes organisations professionnelles comme la FNAIM.

## Formation

Les BTS Professions immobilières sont très nombreux en France (110 environ). Les lieux de formation sont notamment recensés sur le site de l'ONISEP. Il existe quelques écoles spécialisées dans l'immobilier, le plus souvent privées et créées à l'initiative des professionnels (à l'exception de l'ICH, public).

**EFAB** (École française de l'administration de biens)
http://www.efab.fr/
**ESI** (École supérieure de l'immobilier)
www.groupe-esi.fr
**ESPI** (École supérieure de l'immobilier)
http://www.espi.asso.fr
**ICH** (Institut d'études économiques et juridiques appliquées à la construction et à l'habitation)
http://www.ichplus.com

# POUR EN SAVOIR PLUS

## Ouvrages

**Guy Amoyel et Jean-Michel Moyse**, Agent immobilier - Statut juridique, achat, vente, location, gestion, Delmas, 2012 (16e édition)
**Serge Bettini et Sophie Bettini**, La transaction immobilière et le métier d'agent immobilier – BTS DUT corrigé, Casteilla, 2010
**Loïc Bonneval**, Les agents immobiliers, pour une sociologie des acteurs des marchés du logement, ENS Éditions, Lyon, 2011.
**Italo Calvino**, La spéculation immobilière, Points, 2000.
**Jacques Friggit**, Prix des logements, produits financiers et gestion des risques, Economica, 2001
**Sophie Kerbois, Bernard Calot**, L'agent immobilier, Masson, 1995
**Convention collective n° 3090 Immobilier** : administrateurs de biens, sociétés immobilières, agents immobiliers, Ministère emploi et solidarité, 21e édition, 2006

## Films

**Alain Resnais**, Cœurs, 2006.
**Xavier Giannoli**, Quand j'étais chanteur, 2006
**Jacques Audiard**, De battre mon cœur s'est arrêté, 2005

## Remerciements

L'éditeur remercie les agents immobiliers et toutes les personnes qui se sont prêtées de bonne grâce au reportage photographique, et notamment:

- Onil Immobilier – Lyon
- Orpi Daveau – Lyon
- Orpi ABC – Sainte-Foy-les-Lyon
- Nexity – Lyon, notamment David Katz.
- Bourse de l'Immobilier – Lyon, notamment Madame Christiane Comelli Gavet.

Crédits photographiques :



Les personnes photographiées ne sont pas celles dont les propos sont rapportés dans le livre.

Lieux Dits Éditions

Éditions Lieux Dits
17, rue René Leynaud — 69001 LYON

Dépôt légal : mai 2013
ISBN 978-2-36219-068-1
120 pages, 28 illustrations

Conception graphique et photogravure :
Lieux Dits, Lyon

Impression Cicero